坚守与创新 ——
信息化时代教育的探索与实践

周西政 著

吉林大学出版社

·长春·

图书在版编目（CIP）数据

坚守与创新：信息化时代教育的探索与实践 / 周西政著 .-- 长春 : 吉林大学出版社，2021.10

ISBN 978-7-5692-9497-2

Ⅰ.①坚… Ⅱ.①周… Ⅲ.①农村学校－中学教育－信息化－研究 Ⅳ.① G63

中国版本图书馆 CIP 数据核字 (2021) 第 229968 号

书　　　名：坚守与创新——信息化时代教育的探索与实践

JIANSHOU YU CHUANGXIN —— XINXIHUA SHIDAI JIAOYU DE TANSUO YU SHIJIAN

作　　　者：周西政　著
策划编辑：朱　进
责任编辑：冀　洋
责任校对：高珊珊
装帧设计：姜晓波
出版发行：吉林大学出版社
社　　　址：长春市人民大街 4059 号
邮政编码：130021
发行电话：0431-89580028/29/21
网　　　址：http://www.jlup.com.cn
电子邮箱：jdcbs@jlu.edu.cn
印　　　刷：北京兴星伟业印刷有限公司
开　　　本：787mm×1092mm　　　1/16
印　　　张：14
字　　　数：230 千字
版　　　次：2021 年 10 月第 1 版
印　　　次：2021 年 10 月第 1 次
书　　　号：ISBN 978-7-5692-9497-2
定　　　价：58.00 元

做一个教育的行者

庄子云：人生天地间，若白驹过隙，忽然而已。从莘县一中的班主任到莘县实验高中年级主任、副校长，直到 2008 年担任莘县二中校长至今，近四十年教育生涯，不觉间一晃而过。

2008 年至今，把莘县二中从一所籍籍无名甚至濒临解体的学校，建设成蜚声全国的信息化学校，有些教育同仁来我校参观指导，经常被问道："莘县二中成功的秘诀是什么？"

其实我们的做法不是什么独门秘籍，就几个字：改革创新，样样落实，天天坚持。学校把管理的每一处细节，每一样都落实到实处，落实到教育的每一个环节，同时从学生入校的那一天起，一直坚持到毕业离校的最后一天，这就是取得成功的关键所在。

孔子行走于诸国之间，为自己的理想而奔波，这种锲而不舍，根植于生命的精神不正是一个行者的形象吗？

我受益于先贤的教育，也愿意像先贤古圣一样，用我的激情和真诚点亮学生心中的梦想之光，亦会在传道、授业、解惑的过程中持续学习新思想、新理念，不断地提升和丰富自己，读万卷书行万里路，做新时期新教育环境下的"行者"。

古人云"知行合一""知易行难"，"知者"可贵，"行者"却艰难。正如年轻人选择职业的时候，有两种选择，一种是利用曾经的努力去应对未来的所有,另一种是永远在学习的路上,前者安逸,后者是不能停步的前行。

无论过去、现在和未来我都选择后者,因为教育就是永远在路上。教育者永远不可能用已有的知识应对所有,要不停地学习、创造,需要不断地积累、沉淀、思考。

所以,我愿以我不再年轻的生命做一个教育的"行者",用行动书写生命的美丽。一路行动着、感悟着、收获着……也许起步的时候常有困惑,但坚持下来一定能达到心中的目标。

教育者的力量是无声的,也是影响持久的,十年树木,百年树人,当我真正站上三尺讲台那一刻,也就有了使命感,也就意味着踏上了艰巨而漫长的育人与自我成长之旅。

每个孩子都是我教育的起点,我的理想就是让他们每天都进步一点,教育是个动态的过程,也是一个充满变化和未知的过程。作为一名教育者,我始终认为,教育从来不是抽象的、单一的,教育所要面对的是一个个具体的"人"、一个个鲜活的生命个体。

这就要求我们时刻要以变化和发展的眼光看待教育、看待学生,这就决定了教育永远在路上,它可能有起点,但永远没有终点……

2021 年 7 月

序一：办好一所学校，关键是校长

莘县第二中学在运用信息化改造薄弱学校取得了骄人的成绩。

《边缘处的挣扎与再生：山东省薄弱高中育人范式转型的研究与实践》曾荣获国家级教学成果二等奖。

在今年推广过程中，又撰写了这本书。

书中不仅介绍了莘县第二中学运用信息化的经验，同时也介绍了周西政校长近四十年的办学经历，反映了周校长对教育的思考和实践。

办好一所学校，关键是校长。

校长要根据时代的特点、在教育改革的发展趋势、学校的历史和现状，思考办学的路子，建设学校文化，带领全校教师实现自己的办学理想。

从本书内容可以看出，周西政校长是一个有心人，勤于思考，勇于实践。他的经验值得其他学校参考。

2021 年 7 月 5 日

序二：一所薄弱县中的振兴之路

这几年，不少地方"县中"教育受经济社会发展水平的制约，加上优秀教师、优秀学生向大中城市高中的流动加速，办好"县中"教育面临的困难和挑战越来越大。

然而，周西政校长却带领学校领导班子和广大教师闯出了一条路，把濒临解体的莘县二中打造成一个走在全国前列的信息化学校。这背后的秘密到底是什么？

一是周校长懂得教育的真谛。他认为品德是教育的核心。立德才能树人，只有把"德"立起来，"人"才能"树"起来。

学校的育人实践《实施"1+N"育人 促进精细化管理》被教育部评为全国中小学德育工作典型，学校被教育部评为"2018年度网络学习空间应用普及活动优秀学校"，他们将信息技术与学科教学、德育工作、学生心理健康工作进行深度融合，并取得了可喜的成绩，他们的先进经验值得其他学校借鉴。

二是周校长高度重视家庭教育。他认为最好的教育往往来自父母，比起用金钱和物质带来的教育资源，父母自身给予孩子的教育更能影响孩子的一生。他在办学治校过程中，注重理解日益焦虑的父母，引导家长懂教育、会教育；他重视了解网络时代的孩子们的心理特征，倡导家长用陪伴代替手机，用关心填满孩子的人生,给予孩子精神的富足和真实的快乐;他研究青春期孩子叛逆的特点,唠叨、说教和指责是青春期孩子最反感的事情,他们急切想要自主,又敏感爱面子。如果依然把他们当作孩子,训斥不停,甚至逼着孩子承认错误,孩子一定会做出更反叛的举动。学会尊重而理性的沟通,是走近青春期孩子的第一步……

三是周校长抓住了学校管理的本质。现代管理学大师彼得•德鲁克说过:"管理的本质在于激发和释放每一个人的善意。"他在管理中发现,很多人都在做着注定没有"结果"的无用功。因为管理者常常只关注外在的任务,而忽略了对员工内心世界的建构。校长要拥有一双智慧的眼睛,善于发现教师的优点,对教师的努力与成绩及时、客观、诚恳地给予评价和鼓励,使其工作具有幸福感。校长领导力的核心就在于让所有教职员工认同学校的办学理念和使命,激励他们同心同德地一起去实现它,同时让教师的工作富有成效,有成就感和荣誉感,并能体会到境界不断提升的历程。

四是周校长将教育信息化用在了实处。他领导学校开启信息化变革之旅,不搞花架子,充分发挥教育信息化变革传统教学模式,为师生教学活动赋能,将信息技术与学科教学进行深度融合,促进学习者从被动接受知识向主动学习知识转变,把教育模式由"教为主"向"学为主"转变,实现"个性化学习、差异化教学"的智慧教育模式。

我始终认为,机器永远是人类的工具。科技进入教育领域,从根本上是更好地赋能教师的教育教学活动,而不是取代教师的工作,人工智能时代的学习或教育技术本身不是目的,我们真正的目的是让广大教师和学生在技术的帮助下获得教育和学习的最大自由。

这本书详细介绍了周西政校长近四十年教育生涯的心路历程,特别是在莘县二中的教育教学的探索与实践经验,以及对未来教育的畅想,体现了作者对教育的一腔热血和深深的教育情怀。

祝愿莘县二中在立德树人的道路上越走越远,不断谱写新的教育华章。希望教育战线多一些像周西政校长这样的教育内行人,把教育当作自己一生的事业,默默奉献,勇于探索,大胆创新,在平凡的工作中成就不平凡的事业! 为国家和社会培养更多的人才!

2021 年 7 月

目　录

第一章　我的成长之路

母亲给我的教育

我的母亲是一位普通的农村妇女,她没有文化,却给了我最好的教育。

我有一个姐姐、两个弟弟,记忆里,村里其他人家父母管教孩子几乎没有不打骂的,而母亲对我们兄弟姐妹从不打骂,母亲没有文化也不会说教,她只是用行动默默地给我们做出榜样。

独立自强的精神

我们家在我们县最北边的一个小乡村,这个地方属于盐碱地,种庄稼产量非常低,老百姓仅靠地里的收入根本吃不饱饭。20 世纪 50、60 年代,农村普遍都比较贫穷。我们家人多地少,在我们村里基本上算是最穷的,所以,小时候的生活贫困程度可想而知。

那时候平时吃不饱,过年过节总要吃一顿肉的。有一年过年,别人家的孩子买新衣服、吃饺子、吃肉,我们家连一顿猪肉的饺子也没吃上。那天,母亲哭了,这是我第一次看到母亲流泪。

从那以后,母亲想方设法增加家庭的收入。我有个姑姑在附近村,姑父会用高粱秸编席子,我母亲就想跟姑父学习。我姑父说,年轻的壮劳力都不一定能学会,你一个农村妇女怎么能学会呢?

我母亲就说你教我吧,我一定能学会!姑父无奈答应了母亲的要求,母亲就到我姑姑家去学了好多次。学习了一段时间以后,母亲还真学会编席了,当然一开始编得不太好,也比较慢,慢慢地编得越来越好了。

那时候,父亲身体不好,不能干重活,家庭的重担大部分落在了母亲的身上。编席的时候,父亲先买一些高粱秸,高粱秸子需要先放到水里泡才能用,父亲负责浸泡。泡好以后,把里边的瓤刮掉,然后母亲再经过几道工序把高粱秸编成席子。

我记得那几年,我们姐弟四个每次放学回家,第一个任务就是把高粱秸子外面那个皮刮掉,每个人分一堆,每个人完成自己的任务后才能吃饭。那段时间虽然苦,但是我们还是非常快乐的。因为我们家找到了一个致富的门路,通过编席增加了家庭的收入,改善了我们的生活。我们家如果没有母亲编席,可能我都上不起学,早就辍学打工去了。

母亲面对困难和压力并没有抱怨和退缩,而是用自己勤劳的双手改善家庭生活,让我们家度过了那段艰苦岁月。母亲独立自强的精神给我留下了深刻的记忆。

吃苦耐劳的品质

小时候,我大伯、叔叔、姑姑都在外地工作,我们四个兄弟姐妹尚未成年,家中还有年迈的爷爷、奶奶。因为父亲身体不好,所以照顾爷爷、奶奶的任务主要落在我母亲身上。

那时候没有自来水,都是在土井里挑水,给爷爷、奶奶和家里挑水经常是母亲的活。后来爷爷、奶奶病重以后生活不能自理了,母亲除了干农活,还要给爷爷、奶奶做饭、洗衣服等。

那时候爷爷和奶奶病了很多年,经常需要打针,因为公社医院离家比较远,打针看病不方便,就找当地的赤脚医生打针,时间长了人家有些不耐烦了。没办法,我母亲就只得学打针,学会了自己给爷爷、奶奶打针,母亲就是这样几十年如一日无怨无悔地照顾爷爷、奶奶。那时候日子过得很艰难,但母亲从不叫苦、从不畏难。她常说:"没有过不去的日子。"

对教育的重视

母亲从小就失去了读书的机会，所以十分重视子女的教育，对我们的教育从没有放松。从打记事起，我就常听母亲讲："我和你父亲没什么文化，我们就是砸锅卖铁也得供你们念书。只要你们好好念书，念到哪我就供到哪。"

母亲劳作之余，经常督促我们几个孩子完成作业或温习功课，还常给我们讲述古人勤学的故事，以此激励我们从小努力学习，有所作为。

我记得我小学六年级的时候，有一次我们村里放电影，母亲问我："今天村里放电影你想去吗？"我说："当然想去呀！"因为那时候农村文化生活很少，看电影是非常难得的事。母亲想让我抵挡住诱惑，养成良好的学习习惯，不让外界的事情令我分心，就说："你今天在家学习，我给你拿好吃的。"我说："什么好吃的呀？"母亲没说话，悄悄地拿出一把炒熟的花生递给我。

我接过花生开心地吃起来，吃完以后心满意足地继续学习。小时候花生都是用来换油的，除了过年我们很少能吃到，母亲为了培养我也算是用心良苦了。

升入初中后，我的学习遇到一些困难，再加上受社会不良风气的影响，我很想放弃学习，像其他人一样去打工赚钱补贴家里。我给母亲说了我的想法，母亲非常生气，竟然哭了。母亲哭着对我说："孩子，不上学没有出息，我知道你行，家里再苦都会支持你上学！"这是我第二次看到母亲流泪。

母亲认为自己没有文化，只有接受学校和老师的教育才能让我成长为德才兼备的人，才能有远大的前程，母亲对学校、对老师充满了敬意与期待。

从那以后，为了让母亲开心，我发奋学习，想用好的成绩宽慰母亲、报答母亲。

在父母的眼里，我从小比较乖巧、聪明，再加上勤奋努力，母亲对我的学习尤其抓得很紧，并抱有较高期望。我也没让父母失望，不论是小学还是初中、高中，各门课程都取得了优异成绩，各种奖状几乎贴满了我家的中堂。

高中毕业我考上师范大学，毕业后成了一名教师。经过不断的学习、成长，我从一个农民的儿子转变成为一名中学校长，一步步走过，正是通过母亲的教育让我成为一个对社会有所贡献的人，我知道母亲是为我自豪的。

做人要对得起良心

母亲自幼尝遍了生活的艰辛,但母亲却是一个极其要强的人,成家后的母亲用柔弱的双肩撑起了我们这个贫穷的家庭。

自我记事起,我眼中母亲的双手就很少闲过,干这忙那的。母亲没有文化,但有一句话却是她常说的:"做人要对得起自己的良心。"面对辛劳,母亲很少抱怨,而是以乐观的心态、勤劳的双手去应对。"做人要对得起自己的良心"是母亲的座右铭,也是母亲一生的写照。母亲常说的这句话,也深深地影响了我,从事教育工作三十几年,我一直把母亲的这句话记在心里。

我能从一个懵懂的农村孩子成为一名教育工作者,是母亲的血汗灌养的。我之所以能成为一个别人眼中的"好人",是母亲感化的,我勤奋、好强、善良的本性也是母亲传给我的。

参加工作以后,有时候放假回家,或是在周末回家给家里干点活儿的时候,母亲经常嘱咐我:"你现在是老师了,你一定要把人家的孩子用心教好,不要叫学生家长说你这个老师不称职。"

有时候周末我回家,母亲会问我学校里是否还有学生?如果有,母亲就会撵我回学校去照顾我的学生。

我工作的中学离我们家五十多里路,我骑自行车回家得两个多小时,所以有时候半个月甚至一个月才回家一次。每次离开家,母亲都送到我村外头,有时候我骑车走了很远,看到母亲还站在那里,我知道母亲为了让我做个合格的老师,宁肯舍去与我团聚的时间。

我教过的学生有我们村的,学生回家反映我教得不错,母亲听了就很高兴,让我一定好好干不要骄傲,她觉得别人夸她的儿子是她最大的幸福。

我工作刚做出一点成绩,母亲就病了。在母亲病重期间需要做手术,手术完以后母亲怕耽误我工作,就撵我走。她说:"我没事,你抓紧回学校吧,学校事情多。"那时候我已经在实验高中工作了,工作确实繁忙,每次从母亲的病房里出来,我的脸上都挂满了泪水。不能在母亲床前尽孝,我只有拼命工作来报答母亲。

母亲的一生极其平凡,平凡得年复一年、日复一日,含辛茹苦地把我们姐弟四人抚养长大,照顾公婆,并为此操劳了一生。

2006 年母亲因病去世,母亲虽然在物质方面没有给我们留下多少财产,但母亲留给我的精神财富却让我终身受益。

大教育家福禄贝尔曾说:"国民的命运,与其说是操纵在掌权者手中,倒不如说掌握在母亲手中。"的确,在一个家庭中,母亲教育的意义无论怎么高估都不过分。母亲对我的期望,我都通过努力一点点地实现了。每实现一样,心里都觉得好遗憾——这一切,母亲都看不到了。写这篇文章的时候,我在心里默默地对母亲说:"娘,我没有辜负您对我的期望。"

教育的影响力

同事转发给我一篇公众号文章，是已经毕业的学生写的一篇文章，文中写了当年我担任他的物理老师的一段经历，说我当年"严谨、严厉、细致的作风"对他的成长有很大影响。我教过的学生太多，这个学生我已经不记得了，如果我真的对他的人生产生过一些积极的影响，我甚是欣慰。

作为教育工作者，能在学生的人生道路上起到积极的引导作用，是一件幸福的事。现将学生的文章摘录如下：

《"纠"老师》

"纠"在部队里往往是"纠察"的纠，但在我老师那里是"纠错"的纠。纠察是对军队人员和车辆在营区以外的活动实施纪律监督；纠错针对的是那些你没有搞懂、弄会的题。

所以，他强制要求每个学生都得有一个纠错本，用来记录考试或者作业中做错的题。

按他的话说："会做的题做一千遍也没有用，因为你本来就会，还浪费了本来就宝贵的时间。做题的目的是为了发现那些不会的题，然后搞懂、弄会。"

想一想就是这么个道理，尤其对我们班来说更是这样。

也不知道怎么搞的，我们高一时一中的物理老师奇缺，不但没有像我初中时宋索银那样，可以在讲故事中将道理给讲通的老师，连不会讲故事但能将道理给讲通的也没有。

中间一度有两三个月的时间居然没有物理老师……

在我们一致的强烈抗议之下，学校推出了一位电工当我们的物理老师。

但实际情况是，这位老师因为教学质量一般，临时充当了一段时间的学校电工，因为当电工不用跟学生打交道。

在教学上，这位老师还是不够专业，满肚子里的货倒不出来，他自己知道怎么回事儿，就是讲不出来，他自己憋得难受，我们听着闷得难受。

所以，我们那两个班的物理成绩真的非常不乐观。

周西政老师就是在这样的危急关头"拯救"了我们惨不忍睹的物理成绩，他出现的时候是高三学期开学后，已经到了刻不容缓的地步。再不出现一个"强人"扭转我们十分不利的局面，估计最后都得败给物理这一瘸腿的科目。

周老师上第一堂课的第一件事就是要求每个人都要建立一个纠错本，本子长什么样不要紧，内容必须按他说的办，他下一节课要检查。

第二堂课，他真的检查了每个学生的本子，整个高中阶段像他这样跟教小学生一样检查作业的老师他是唯一的一个。并且，他不是仅检查一次，他要求大家物理课时将纠错本放到课桌的右上角，他只要有空就走过去拿起来翻看。

每次考试或者作业的内容都在周老师的脑子里刻着，他拿起来就知道你做的是哪次考试或者作业的内容，写得是否认真、纠得是否全面都是他检查的内容。

如果你没有弄懂只想着蒙混过关，那是逃不过他的火眼金睛的；如果你仅是抄了其他同学的答案，而不是自己真会以后做出来的，他也能看出破绽并现场提问。

每一次，他站在我课桌前的时候，我心里总是感到忐忑，生怕他一提问我再"漏了兜"。

尤其是那个时候，我已经决定要退学当兵去了，对于学习已经是有一搭无一搭了，其他老师基本上已经不再将有限的精力放到我这个要当高考逃兵的学生身上了。唯独他，一视同仁，不管好学生、坏学生他都一抓到底，不抛弃、不放弃，一个也不能少。

所以，其他的科目我都敢偷懒，只有他的物理课我不敢。

但是有一次，因为当兵体检的原因，我的纠错本没有整理，却恰恰被他发现了。这真是怕什么来什么！

他让我站起来，气愤地追问："王老五，你的纠错本为什么没有整理？你是想高中毕业以后整理，还是八十岁以后整理？"

我看着他因着急而有些变形的脸，真怕他抬手打我，虽然高中时从来没有发生过老师打学生的情况。

我嗫嚅地说道："老师，可能我以后再也没机会整理了，明天我就当兵走了，这次没整理是去武装部体检耽误了。"

他瞪大眼睛盯着我看了一会儿，发现我并没有说谎，无奈地叹了口气说："坐下吧！"

我知道那叹气声中的失落与不甘，上了一中再去当兵那真是大材小用了。那个年代，初中不用毕业都可以当个好兵，我在莘县一中都读到高三了，却连高考也不参加就当兵去了，那这两年在这里读书，岂不是白费了？

我是真的当兵走了，在周老师教我三个月之后的初冬。

因为当的是消防兵，所以在救援与灭火的过程中，需要的最多的、最有用的知识还是物理与化学，所谓的学以致用，更多的时候似乎是用然后致学，所以，非常地感谢老师当年严格的要求与教育。

今天，我还真的特别想跟周老师说："您教给我的知识并没有荒废，最后都转化成了提升效率后的战斗力，很多的救援因为这些物理知识的储备而变得快捷而精确。"

去年的时候，市里开社科联的大会，周老师也参加了。我跑过去想请老师吃饭，可惜他已经有了安排。很显然，他已经记不得我了，这只能怨我平时和老师沟通得少。

周老师现在已经是全省乃至全国的教育名人，时常外出讲学，作为他的学生，我们深感骄傲。

周老师当年严谨、严厉、细致的工作作风，至今仍然值得我学习、铭记并效仿，做任何事如果都能像老师当年要求整理纠错本一样，世上也就没有做不成的事了。

谢谢周老师！

看到这篇文章的时候,心里涌起阵阵暖意,思绪万千,是幸福也是欣慰。作为教育工作者带给学生积极的正向影响是我们的责任。

在我的人生道路上,也曾有几位老师对我产生过重要的影响,至今想起他们,心中仍是充满感激。

第一位就是我的小学老师任凤英老师。我小时候因为家里孩子多,父母忙于农活,很少有时间照顾我们,我下面有两个弟弟,那时候母亲编席给家庭增加收入,两个年幼的弟弟没人照看,就把照看弟弟的任务交给了我,我上小学的时候学习成绩很好,语文、数学经常考双百,父母感觉我学习好不用天天去学校,在家学就行了,所以我经常是隔三岔五去一次学校,其他时间在家照顾弟弟。

有段时间正是母亲编席最忙的时节,我在家照看两个弟弟大概有一个多星期没去学校了。有一天,正在跟两个弟弟一起玩耍,突然听到外面有敲锣打鼓的声音,想跑出去看热闹,却在门口遇到我的班主任任凤英老师和几位同学,任老师看到我问:"周西政,你怎么不去上学呀?"看到老师和同学来家里,我又惊又喜,一时激动得不知道说啥好。这时候母亲听到声音也走了出来,看到老师,母亲有些惭愧地说:"老师,我在家编席,他弟弟没人看,这几天就没让他去上学"。任老师说"西政娘,西政成绩很好,将来能有大出息,小学是打基础的时候,每节课都很重要,如果他不上学耽误了将来考初中,真是太可惜了。"

任老师又对我母亲讲了一番道理,通过任老师和母亲的交流,我母亲明白了小学文化课的重要性,母亲表示以后再困难也要让我去上学。

从那以后,母亲为了保证让我按时上学,自己更加辛苦忙碌,既要照顾弟弟、操持家务还要编席,看到母亲如此辛苦,我的学习更加努力了。经过系统的学习,我的成绩一直比较出色,为考上好的初中打下了很好的基础。

现在,每当回忆起这件事,都很感恩任老师,如果当时任老师没有跟母亲交流,我也许不一定能考上好的初中。我很庆幸在人生的启蒙阶段遇到任凤英老师,她的一个善举,也许改写了我的命运。

我做老师之后,每当遇到贫困家庭父母不让孩子继续上学的学生,我都极力给他们的父母做工作,让他们继续上学,有经济困难的,我都会从自己的工资里拿出钱替他们交学费,有的女孩子父母让她们辍学嫁人,我也会极力劝说她们的父母,让她们读完高中,继续升学。因为我知道对于农村孩子来说,知识的确可以改变命运。

第二位对我有重要影响的老师是杨老师,我记得有一次在上课的时候走神了,也许杨老师从我迷茫的眼神中,看到我的心飞向了远方,老师没有立刻批评我,而是悄悄地走到我的身边突然"啪"地敲了一下桌子,我吓了一跳,老师瞪了我一眼,什么也没说从我身边走了过去。

下课以后杨老师把我叫到办公室,说:"周西政,你家庭这么贫困,家里还供你上学,你不好好学习,对得起你父母吗?"

我惭愧地低下了头,给老师认错说:"老师,我错了。"我是个自尊心很强的人,从小很少挨批评,这次老师的严厉批评给我留下深刻的印象,我从来没有怨恨过老师,因为我知道严格也是一种爱。

第三位对我有重要影响的老师是初中的孙指南老师,这位老师的特点就是非常的认真、严谨,他写得一手好粉笔字和钢笔字。

孙老师知识非常渊博,上课非常认真,每道题讲解得都非常透彻,初中他教我们数学,同学们都非常喜欢上他的课,我初中数学的提高也得益于孙老师。

我当时数学成绩不错,是数学课代表,老师比较器重我,有一次单元测试我的成绩很不理想,孙老师很严肃地找我谈话,然后帮我分析原因,经过老师的分析,我的成绩很快提升上去了。

那一年,我是我们学校唯一考上我们县一中的学生,孙老师常常以我为骄傲,经常和后来的学生提起我。

对我有重要影响的人,除了我的老师们,还有在工作以后遇到的全国著名的教育家魏书生老师。

有幸听过魏书生老师的三次报告,每次都有不同的收获,他的故事大家都知道,他当了多年班主任,然后做校长,后来做教育局局长,这期间他始终没有停止教学,他常年在外讲学,但是他的学生成绩依然非常好。我在2016年在北京听他的讲座时近距离接触了魏书生老师,经过那次交流,魏书生老师给我很多启发,魏书生渐渐地成了我的偶像。

这几年来，魏老师对我影响比较大，他的思想我觉得是非常先进的。我现在和魏老师也常有联系，在学校管理中有什么困难、有什么问题就向他请教，他也经常关心我们学校的情况。

我们学校加盟东联教育之后，魏老师的团队也经常邀请我在很多大会做讲座。

同是三尺讲台，魏老师却能做得这样有声有色，有滋有味，他以丰厚的人生积淀、深厚的文化底蕴、丰富的教学经验、精湛的管理艺术深深折服了我，更以那崇高的人格魅力深深感染着我、启迪着我，是我学习的楷模。

再一个对我影响比较大的就是朱永新老师，他现任十三届全国政协常务委员兼副秘书长，民进中央副主席。

读朱永新老师的书对我影响很大，朱永新老师的专著和他的全集我几乎都读了，受益很多，朱永新说："一个人的精神发育史就是他的阅读史……一个书香充盈的城市才能成为美丽的精神家园。"[1]我深以为然。读朱永新老师的《我的阅读观》让我对阅读有了全面而又深入的了解。对阅读、阅读的分类、阅读的现状也有了具象的认识。

从小范围来看，阅读是一个人精神领域提升、拓展的事，再大一点是一个家庭的文化氛围基调，更大一点是一个国家民族气节发展之大计。唯有读书的民族才会有发展、有创新、有希望，阅读让自己活得更通透更有价值。

我不仅自己读书，还带领着我们学校的老师、我们的学生、家长一起读书。包括疫情期间，我们学校老师一直读朱永新老师的书，我们有个老师微信群，借助这个平台进行读书分享，读了书以后有什么体会，每天都要分享，我们每天有一节课的时间，是老师和学生共读、共写。

现在，我无论出差在什么地方，无论是在飞机上还是在高铁上，随身必须带着一本书，享受阅读给我带来的快乐。

另一位对我影响比较大的是郭继承老师。他是莘县二中的学生，但从对我的影响上来说，他也是我的老师。郭继承老师 1991 年考入二中，刚入学时，

---

①张月 . 一个人的精神发育史就是他的阅读史 [Z]. 中国文明网 .

他的成绩很不好，但他有自己的远大志向，就是要考上大学。三年的高中时间，他在自己的理想指引下，努力进取，不断超越自己。在春节期间，他经常一个人在院子里大声读书，邻居、亲戚们都说这孩子有点傻；在学校的时候，大多数同学一下课就出去玩了，可他还在教室里读书，不少同学嘲笑他读书读呆了，竟然想考上本科。因为多年以来，二中还没有考上大学的文科生。但"苦心人天不负"，在 1993 年的高考中，他以数学成绩 117 分、英语 100 分的优异成绩考上了当地一所本科院校。最终他凭借自己的坚强毅力和勤奋努力，成为我们学校六年来第一位考上大学的个文科本科生。

考上大学的郭继承老师并没能满足于自己的成功，在上大学期间，又给自己制定了新的奋斗目标，就是要考上研究生。于是在大学校园里，当别人徜徉于月下花海中享受爱情的甜蜜时，他自己躲在图书馆努力学习。经过四年的刻苦努力，他如愿考上了首都师范大学法学研究生。再后来考上了北京师范大学哲学博士，最后成为西北大学中国思想文化研究所历史学博士后，现任中国政法大学思政研究所副教授。

郭继承老师的志存高远和身上所具有的那种不屈不挠的奋斗精神给了我不少启发，从他成长的经历中，我汲取了很多的精神营养。

2018 年，郭继承应邀回到了母校，给莘县二中全体师生做了一场精彩的报告。他引用王阳明的名言"志不立，天下无可成之事"，并结合自己的成长经历，阐述了立志的重要性，告诫二中师生要树立远大的理想。同时他鼓励莘县二中全体师生要从继承与发扬传统文化的角度，增强文化忧患意识，培养家国情怀，担当起中华民族伟大复兴的历史使命。他的报告感动了在场的所有人，赢得了二中师生的热烈掌声。后来这个视频在网上广泛传播，在社会上引起很大反响。

郭继承老师是具有强烈民族责任感和家国忧患情怀的优秀学者中的一员，他愿把自己的一生奉献给国学传播事业，竭力护养五千年中华文脉。郭老师的报告让听者醍醐灌顶，直击心灵。我们学校曾经培养了郭继承，同时也是郭老师智慧的受益者，我们也愿意跟着郭老师共同推进国学智慧的传承和发展。

也许这一生对我们产生影响的人有很多，作为老师，对学生的影响最为直观,常常对学生起到引导、感染的作用,我们的行为、语言和人格将影响到每个学生,而这种影响力是积极的还是消极的,决策权完全在我们自己的手上,也许我们不完美,至少,我们应该同温暖的阳光一样,给孩子们带去希望和力量。

乡村教师的幸福

回顾自己从事教育工作的历程，最初在乡镇做教师的那两年在我的记忆中留下了深刻的印象，这两年也在我的教育生涯中占据着非常重要的位置。

成为一名教师纯属偶然，因为我性格内向不爱说话，高考志愿我报考的是上海机械学校，想将来从事机械技术方面的工作，可是那年高考成绩发榜，我却接到了聊城师专的录取通知书，我很惘然，我并没有报考这个学校呀？经过询问才知道：原来是我的班主任老师认为我人品好、成绩好，应该当老师，所以好心地帮我修改了志愿，对老师的好心，我当时是有点情绪的，但现在想来心中充满了感激。

接到录取通知书我喜忧参半，喜的是我考上了大专，是我们村第一个考上大学的孩子，忧的是我感觉自己性格内向不善于表达，不适合当老师，怕自己不能胜任。曾跟父母商量是复读还是去上师专，父母希望我去上师专，因为父母说考上大专当了老师等于吃上国粮了，他们很高兴。于是，我怀着复杂的心情成为一名聊城师专的大学生。

师专毕业后，一心想留在母校——莘县一中，可是却被分配到一所村镇中学——莘县四中工作，学校人数不多，学生们都来自附近的村子，我家距学校十几里路，我基本吃住都在学校，周末才骑自行车回家。

一上班校长就安排我接手了高二的物理课，上班第一天，曾经在心里无数次幻想登上讲台时的精彩画面没有出现，却差点让我出丑。

那天的上课铃声响起时，我微笑着走进教室登上讲台，内心很激动也很紧张，悄悄地扫视了一圈，看着一个个跟我年龄相差不了几岁的学生更是紧张，在跟同学们问好之后，我在黑板上写下了今天要讲的内容：玻马定律，这时候听到台下有同学喊："老师，这节课讲过了！"

我赶紧问同学们该讲什么了，同学们说该讲盖吕萨克定律了，我的大脑顿时一片空白,完全不知道该怎么办了,因为我并没有备这节课,我平复了一下紧张的情绪,用几秒钟翻了翻后面的书,又重新开始板书,脸却火辣辣的,红得像个苹果似的。还好板书过后平时熟悉的内容逐渐浮现出来,当我再次转身目视学生时,他们极其安静地做着笔记,并认真地听讲,仿佛刚才什么事都没有发生过一样。

这一刻,我的心慢慢平复下来,开始了今天的课程。由于我平时学习比较扎实,尽管没有备课,这节课讲得还算顺利,看着学生们像是听懂了的表情,我一颗悬着的心总算放下来了。

从此以后,每天下班回到宿舍,备课、写教案几乎成了我的全部业余生活,每次备完一节课都有一种满足的感觉,然后在脑海中演练自己在课堂上课的剧本。为了尽快提升教学水平,我虚心向有经验的老教师请教,学习他们的宝贵经验及教法,慢慢地我学会了教学预设、课堂提问、临场组织学生秩序等环节的技能技巧,工作也开始逐步进入了轨道。

由于自己工作认真、勤恳,上进心强,教学水平提升很快。一个月之后,我去财务室领工资,会计给我说,学生反映我教得不错,我教的学生中有好几个是她家亲戚,学生们反映都很喜欢听我的课,他们说我讲的课比老教师讲得还好。

会计的话给了我信心,第一次感觉到当老师的成就感和幸福感,一个老师还有什么比得到学生的认可更幸福的事呢!

也是从那时起,我开始感受到做老师的神圣意义,开始慢慢适应了教师这个职业,逐渐从害怕上讲台到爱上讲台,并开始把教育当作一生热爱的事业。

在偏远的乡村教书,没有灯红酒绿,没有歌舞升平,也很少有朋友来往。学校除了教科书之外,甚至找不到多余的课外书。我的业余时间只能交给学生。

每天早晨醒来之后,内心澎湃着对学校、对课堂的热爱;上课前学生们一声声发自内心的问好,让我感觉温暖;学生们的每一点进步和成长抚慰着我身体的疲惫;孩子们清澈的眼眸和对知识的渴求鼓舞我每天深夜在灯光下备课。

我接手的班级人数不多,学困生却占了很大比例,在我接手后的月考中,班级平均成绩才六十几分。

接下去的日子，我每天利用空余时间对学困生进行辅导。中午，我和学生一样在班里吃饭，每次我带了比较好的菜，都和学生们一起分享，学生们带了好吃的也会第一个让我品尝。饭后我指导他们做题，他们亲切地围在我身边叽叽喳喳地讨论，其乐融融……虽然我任教的学科是物理，但只要学生有需要，不管是什么学科，我都帮助辅导，生活上的困难我也会帮忙，我和学生成了无话不谈的朋友。

做自己喜欢的事是最快乐的，正如我的同事所言："你讲课能让人感受到一种幸福！"我觉得，我是在经营一份热爱的事业，所以我的内心始终充满着充实感和幸福感。同时也把这份充实感和幸福感传递给了我的每一位学生。

为了提升学生的成绩，那时候我经常骑着自行车跑二十几里地去找一中的老师要来他们的考试卷子，然后跟学生一起刻钢板印刷试题，用一中的试卷给自己的学生考试，随后把我校的成绩跟一中的成绩做比较，同时给学生以鼓励，告诉学生我们学校的成绩跟一中的成绩不相上下。

那时候我和学生为了印卷子经常弄得满身满手墨汁，但我们乐在其中，并在学习和生活中建立了一种亦师亦友的良好关系。

一学期下来，学生成绩有很大提高，当年高考，我校的物理成绩在全县八九个高中里仅次于一中，名列全县第二名，我也因此被评为全县模范教师。

有人说作为一名教师"自己的成功不是成功，学生的成功才是成功"。我深以为然，是学生的成功成就了我，是学生的进步体现了我自身的价值，学生取得的每一点成绩都让我感到无比自豪。

在乡镇教学的这两年，是我一生中最美好的记忆，虽然已经过去了很多年，但每当想起那时的景象，心中仍充满了幸福和怀念，因为那是我教育生涯的开端，也是我梦想开始的地方。

那些点点滴滴经常浮现出来……学生放在我桌子上的几块糖块、一把花生，偶尔出现在抽屉里的一个皱了皮的苹果，生病时的一张小纸条："老师，您辛苦了！祝您早日康复！"

有的学生家长给我送来自己地里种的带着泥土的新鲜瓜果，有的给我送来自己家的土特产,有的家长甚至把家里刚出锅的热乎乎的大包子送到我的办公室……学生家长大多数是农民,不善表达,但他们总是用最淳朴的方式表达他们的感激,所有的一切都让我感动。

在忙忙碌碌中,学生们步入了高三,开学之初我列出了详细的高三复习计划,校长看了大为赞赏,在大会上表扬了我。初出茅庐取得的一点成绩让我感受到一种鼓励,激励着我不断在教学中改进。

两年下来,我的努力得到了学生、家长以及校领导的认可,这让我对教育事业越发充满信心和热爱。

当然,那两年也有让我棘手和头疼的事,有一个学期,两个学生打架,一个姓李的学生把姓闫的同学的头打破了,学校要开除他。因为姓李的这个学生经常找我问问题,交流也比较多,我对他比较了解,知道他脾气不好,却心地善良,感觉如果因为这一件事就开除他,会对他的未来有很大影响,十四五岁的孩子不上学能做什么呢?于是,我跟学校领导求情,请求再给他一次机会。

学校领导说,他把学生的头打破了,学生家长执意追究责任,如果不开除恐怕学生家长会认为学校不作为,这让学校领导很为难。为了避免这个学生被开除,我买了水果去医院看望受伤学生,给受伤学生家长做工作,当面批评了打人的学生,让他认识到自己的错误并给家长和闫同学道歉。

当时被打伤的闫同学看到李同学道歉很感动,表示自己也有错,我又进一步说:"同学一场是一种缘分,以后有可能成为一生的朋友,这种友情很珍贵"。闫同学当场表示原谅了李同学,两个学生当时就和解了。同时我又让李同学每天到医院去照顾闫同学,家长也被感动了,选择原谅他,不再追究此事,后来闫同学跟李同学真的因此成为好朋友。

高中毕业以后,李同学去当兵了,经常给我来信,我根据他的情况鼓励他考军校,并给他寄去学习资料,他果真没有辜负我的期望,考上了军校,毕业之后转业成了干部,在军队里干了几年,转到地方公安局工作。李同学现在每年都会抽时间来看望我,表达他的感激之情。

有时候老师的善举真的能改变孩子的命运,我感觉作为老师怀有一种善良、宽容之心,做一些善举,对学生也是一种身教。

我就是这样带着初为人师的激情与梦想，全心地守护着三尺讲台和教室里的几十个孩子；也是这样带着年轻懵懂的执着与认真，努力地耕耘着自己的梦想，耕耘着几十个孩子的未来。

无论之前还是现在，我始终认为，农村的孩子一点儿也不比城里的孩子差，只要我们努力拼搏，农村的孩子一样可以实现自己的梦想，拥有美好的生活。如今，我已经离开莘县四中三十多年，那些孩子也早已长大，也已经为人父母，有的学生到现在还经常联系，他们在各自的岗位上都取得了不错的成绩。每每想起他们，想起那段时光，我的整个身心都被幸福包围着。

我始终认为，一名教师能得到学生的尊重、认可、热爱和怀念，自身的价值能得到充分的体现，这就是教师的职业幸福感。

当班主任的那些事

2020 年春节，毕业多年的学生鲁中亮给我打电话拜年，我们共同回忆了往事。接他们班的时候是我做老师的第三年，刚从莘县四中调到莘县一中。第一次当班主任就接手了鲁中亮所在的班级，后来与这群可爱的孩子们发生了许许多多令我难以忘怀的故事，鲁中亮就是其中印象比较深的一个孩子。

鲁中亮很聪明，学习成绩却不怎么好，上课的时候不是戳戳这个同学就是揪揪那个同学，永远坐不住，有一次他又在捣乱，我看到后马上走到他身边，可他丝毫没有要停下来的意思。接着"嘭"的一声，他连人带椅子摔了个"狗啃泥"，幸好我一把扶住了他，他面色惨白，吓得不轻，紧张地等待着我的呵斥，我只是拍拍他的肩膀，轻轻地说："注意安全，放学后到我宿舍一趟。"我当时并没有马上批评他，让他很诧异。

放学后，他低着头来到我的宿舍，准备挨批，我仍然没有批评他，而是先表扬他能按时来，并告诉他我看出他是个很聪明的孩子，如果好好学习肯定能考上大学，他看着我眼里渐渐有了光，随后充满信心地点了点头。临走，他看到了同事送我准备结婚用的两盆塑料花，就说，老师，这花很好看，让我玩两天吧！"说着，也不管我同不同意就直接搬走一盆。

他把那盆花放在教室靠窗的位置他的座位旁边，得意扬扬得地跟同学说，"周老师送了我一盆花，你们看怎么样？好看吧？"同学们不相信他说的话，跑去问我："周老师，那盆花真是你送给鲁中亮的吗？"我笑了笑没有说话，我知道鲁中亮这样说是故意地让同学们感觉我信任他，对他好。为了他的自尊，我没有拆穿他。

那盆花放在那里，这个同学拽一下那个同学揪一把，渐渐地成了残枝败叶，鲁中亮却越来越自信。我经常找他谈心，他静不下来我就陪着他写作业，他从开始只能坚持十分钟到慢慢地坚持二十分钟，经过多次训练以后，他坐下来的时间越来越长。后来，已经可以坚持一节课的时间了，他就这样不知不觉地改变了爱动的毛病。静下来之后，他的学习成绩和纪律越来越好。

看到他的进步，我决定继续督促他，上我的物理课的时候经常提问他，有点成绩就表扬他，他在同学们中的威信也逐渐提高，一表扬他就更有信心了，成绩越来越好，由于坐得住了，其他学科成绩也上去了，其他老师也表扬他，受到表扬之后他也越来越爱学习了。

高三的时候，他成绩突飞猛进，考上了山东师范大学物理系，毕业以后又考上了南开大学研究生，读完研究生又读博士，之后去了一个国企工作，经过不断努力慢慢成了这个国企的副总裁。

他经常说因为我的鼓励让他爱上了物理课，因为我的原因他选择了考师范，他想成为一个像我一样的人，他说如果没有我当年的鼓励，他不会有现在的成绩，他和家人都很感激我。

我觉得鲁中亮的改变是因为他感受到了我对他的尊重，所谓尊重，在我看来就是真正地把学生当作一个成熟的人来看待，为其着想，并付出一百分的真心。一件很小的事、一次真情的谈话，往往能给学生带来触动和改变。当时我的想法很简单，就是树立他的自信，让他爱上学习，把他的聪明才智用到正地方。

看到他现在取得的成绩，我很为他高兴和自豪，虽然鲁中亮并不是学习最好的学生，但是，他让我知道，鼓励对一个孩子的一生能够产生巨大的力量，他真的可以把一个后进生变成一个对社会有用的人才。也就是从那时候开始，我慢慢积累了一些班级管理的经验，为以后走向管理岗位打下了基础。

都说"可怜天下父母心"，作为父母，谁不望子成龙、望女成凤，班主任也是如此，为了班上每个孩子的健康成长，为了每个孩子的幸福人生，为了班级成为一个奋发向上、朝气蓬勃、团结友爱的集体。那时，我几乎把全部的精力都放在教学和班级管理上，我设立了一系列的班级管理制度，让每个孩子都有机会发现自己的优点和长处，挖掘自己的潜能，培养他们的集体荣誉感。让每个孩子都能在学习中感受到乐趣，享受学习的快乐。

我的教学有个特点，就是把抽象的问题形象化，把复杂的问题简单化，把枯燥的问题趣味化。我经常跟学生们讲，所谓的物理就是"悟"理，得悟。就是悟出这个道理,明白前因后果是怎么回事。悟出这个道理来以后,才能应用起来,才能解决实际中的问题,而不是简单地死记硬背那些概念、公式、定理。

我在教育教学的过程中,始终站在学生的角度,有些老师觉得站在老师的角度看来是非常简单的问题,其实站在学生的角度就很难,因为学生是第一次接触这些概念。

我在教学中另一个特点就是深入到学生中间了解学生。当时,我接手的鲁中亮那个班一开始比较乱,上课的时候经常有学生捣乱,我接手这个班之后,首先了解这个班的基本情况,然后通过班干部和学生的座谈深入了解,我会记录下来,然后再让学生及班干部发表意见,目的是及时发现问题、解决问题,慢慢把班风纠正过来。

在班级管理中,我那时候虽然没有在理论上提出学生的自我管理,但是我有意识地叫学生管理自己,很多时候像早操、自习我都是放手让班干部去管理,让学生自我管理。

我记得我做班主任的第二个学期,全校组织会操比赛,比赛那一天我没去,等我去了比赛已经结束了,我们班得了第一名,校长看到我还调侃我说,"你这么懒!早上不起床,你们班还拿第一,你是怎么管的?下回在大会上介绍一下你的经验吧!"过几天还真让我在大会上讲了讲。

其实,那时我也不懂什么班级管理的理论,都是在实践中自己摸索出来的经验,就是让学生自己管学生。也就是现在魏书生老师提倡的"自育",有人说"自育"是学生自我管理的最高境界,我觉得有一定的道理。

高二的时候,我们班的歌咏比赛、会操比赛、卫生、纪律样样都是第一,当然学习成绩也是第一。那年,我们班高考成绩我至今仍然清楚地记得,过本科录取的有13人,在全校是第一名,在全县也名列前茅。那一年,是我刚去一中的第一年,因为我的班级管理做得好,我们班各个方面都表现出色,被评为市里的优秀教师。

由于我把最差的一个班带成样样都第一的先进班,新的学期很多家长都托人把孩子转到我的班,甚至学校领导、县里领导的孩子也转到了我的班里。这让我对自己的教学更有信心,对教育事业的热爱也与日俱增。回顾做班主任的几年,我的做法总的来说可以归纳为以下几点:

第一，关爱学生，平等对待每一位学生。

陶行知说："在教师手里操着幼年人的命运，便操着民族和人类的命运"。教师要担负起这个责任，就要对教育有发自内心的爱。爱是教育的灵魂，我一直坚信教育失去了爱的光辉就失去了其最本质的意义。所以在班主任工作中，我始终将对教育的热情转化为对每一位学生的爱，从生活上学习上给自己的学生以无微不至的关怀。

同时，在对待学生方面，教师要有平等意识，既要在人格上将学生看作是与自己平等的人，又要公平对等每一名学生。作为教师，不能单纯以成绩好坏来评定学生，要善于发现学生身上的闪光点，站在发展的角度看待每一个学生，对学生多一点宽容与耐心。

第二，培养班干部，实施学生自我管理。

如果说班主任是班级的灵魂，那么班干部是班级管理的主要力量。为了使班级有一支得力、能干的班干部队伍，我每学期都采用班干部竞聘上岗制，将班中品德高尚、责任心强、工作能力强的学生选拔出来，并通过一系列的班干部培训工作丰富他们的工作方法，提升班级管理水平。这些班级干部工作积极性高，工作认真负责，他们总是用敏锐的洞察力关注着班级的一举一动，并且他们学习踏实，乐于助人，在同学中颇有威信。因此他们成了我管理班级的最得力助手，他们有一句口号就是"小事不到班主任"。这样我所带的班级依靠这些班干部实现了学生自我管理。我还鼓励其他同学也积极参与到班级管理中来，互相监督，互相促进，做到事事有人管、人人有事干，共同建设班集体，真正发挥了学生的主人翁作用。也正是让学生放手管理学生，班级各项工作都开展得井然有序，班级成绩也总是名列前茅。

第三，加强班风建设，以班风促学风。

"班风正才能学风正，学风正才能成绩好"，因此，在开展各项活动的过程中，我着力培养孩子们以班级集体为重，同甘共苦，同心同德的意识，培养他们的集体荣誉感，培养他们团结协作能力和拼搏进取的团队精神。

俗话说：不以规矩，无以成方圆。我详细制定了一套行之有效的规章制度，以及班级量化管理条例，从学习、纪律、出勤、卫生等方面对全班孩子进行量化管理。孩子们积极性高，取得的效果明显。学校的"文明示范班"荣誉常常光顾我们班，还连续几年被评为校"先进班级"。

我们班有一个良好的学习氛围，大家在这样的学习气氛中努力学习，共同进步。互相之间取长补短，共同提高。

第四，开展丰富多彩的活动，促进学生健康发展。

依托学生自我管理，我放手让学生们组织各种活动。这些活动都由学生们自己做主，自己制订计划，自己确定主题，真正发挥了学生作为主人的作用。通过活动锻炼了他们的组织能力，增强了班级凝聚力；通过活动激发了学生们的求知欲望，展示了他们的才华和智慧；通过活动丰富了他们的情感世界，展示了我们班良好的班风、班貌。

我深深地体会到：在当班主任的日子里，我不仅在播种着知识，让学生们感受爱、传播爱，同时也在加倍地收获着感动和幸福。学生一次次用他们真诚的目光、天真可爱的笑容感动着我。

因为在这个集体里他们能感受到爱，所以为了不让老师失望，为了让家长满意，他们有动力学习，有动力互相帮助，虽然他们还在不断地犯错误，虽然他们还有许多缺点，但他们一天比一天有进步，我也在他们的进步中感受着快乐和幸福。

尽管我做班主任时间并不长，但那段时光至今令我难忘，能够有机会与学生走得这么近，能够感受到每一个炽热的心跳，真的是件非常幸福的事情。

我的班主任工作没有惊天动地的大事，也没有令人拍案叫绝的精彩，但就是这样一个个波澜不惊的日子，却留下了一个个难忘的故事。班主任工作带给我的远远不只是情感世界的充实，它还丰富了我的知识储备，提升了我的教育艺术，让我变得日益成熟。

很多时候，教育的效果虽然不是直观的，但对学生的影响却更深刻、更长远，如同父亲对儿子的影响是无声的、一生一世的，如同冬雪消融，慢慢浸润着孩子的心灵。

"随风潜入夜，润物细无声。"这是我做班主任工作的座右铭，也是我对教育工作的体会。

年级主任的苦与甜

1986 年到 1998 年，我在莘县一中做老师的十二年间，因为我的班级管理做得好，我带的班各个方面都表现出色，很多家长都托人把孩子转到我的班，甚至学校领导、县里领导的孩子也转到了我的班里。这让我感觉余生在教师这个岗位上发光、发热是一件幸福的事。

1998 年夏天，我送走了高三毕业班，这个班我接手的时候是全校倒数第一，高考时成绩成了正数第一，在全县也名列前茅，这一届学生毕业，我的工作得到了更多家长的认可。

有一天，我们莘县一中的业务校长张校长找我谈话，他说为了解决高中"一枝独秀"，学校管理和教师动力不足的问题，县里准备建一所新的高中——实验高中，这两个学校平分生源，与莘县一中产生竞争关系，从而提高教育教学质量。他被指派做实验中学的校长，他希望我去做第一届年级主任，我一直热衷于教学，从来没想过当领导，张校长的提议让我第一次开始认真考虑这个问题。我当时没有回复，说回去跟父母和妻子商量一下。

很多学校都喜欢从教学表现优秀的教师中选拔中层干部，因为我的教学能力被领导认可，可是我是否具备做年级主任的能力呢？我自己也没有底。张校长一次次找我谈话。他说，"你已经在教学中证明了自己的能力，自然应该给你更多的发展机会，这也是对你成绩的一种认可，对其他老师也能起到激励和榜样的作用"。

他还鼓励我说，"绝大多数优秀的中层干部甚至知名校长，都是从优秀的教师一步步成长起来并顺利转型为领导者的，你热爱教学，给你更大的平台就可以服务更多的学生和家长。"张校长的话瞬间点燃了我的教育理想，能为更多的学生和家长服务不是一直是我努力的方向吗？我决定接下这副担子，不顾家人的反对，我毅然从条件优越的莘县一中来到了条件艰苦的实验中学。

离开了工作了十二年的莘县一中,我有太多的不舍。从初出茅庐的青年教师到现在略有成绩的业务骨干,莘县一中见证了我的成长,但是我知道一个普通教师难以实现自己远大的教育理想。于是,我带着同样在莘县一中教学的妻子走进了尚在建设中的实验高中,开启了我教育生涯的另一段艰苦而又难忘的旅程。

初到实验高中一切从零开始,我和妻子最初每天骑着摩托车来回跑,后来为了方便工作便搬到学校低矮的平房居住,门外是一片荒草,苍蝇、蚊子嗡嗡乱叫,咬得孩子浑身是包,条件的艰苦依然没有动摇我留下来的决心。

实验高中地处偏僻,很多优秀学生都不愿来,这就造成好的生源都跑到莘县一中,师资队伍也相对薄弱,这对我来说更是挑战。作为一个新的团队,很多教师是刚大学毕业分配下来的。新校面临着各种新的问题,为此,我多次召开年级工作会和班主任会议,找个别老师谈心,使全体教师达成共识,在困难、压力面前要团结协作,研究新情况,不断解决各种问题,务求实效,确保教育教学质量,完成学校交给我们的教育教学任务。

开学以后,我的主要精力用在教师培训方面,我当时做年级主任还担任物理备课组长、班主任,妻子在莘县一中是化学老师,来到实验高中也是业务骨干,担任化学教研组长、备课组长,我们两个人没日没夜地把自己的时间都用在了教学上,每天只睡四五个小时,几乎没有时间陪孩子。

上小学的儿子才十岁,每天放学一个人在家吃饭、写作业,经常不脱衣服就躺在沙发上睡着了。有一次,为了关灯从桌子上掉下来摔坏了腿,妻子心疼地流下了眼泪,我们对孩子亏欠得太多了,可是我们没有退路,只能舍小家顾大家了,学校的几百名学生等着我,我不能辜负家长的期望。还有,我的性格中有一种,"不做则已,要做就做最好的"的执着。

作为年级主任,我深感肩上责任的重大。学校寄予厚望,为了让学生成才,让家长满意,让学校放心,我每天超负荷工作,作为一名年级带头人,只有身先士卒工作才有说服力,才能赢得老师们的认可和支持。

每天,我都是最后一个离开学校,只要有一个老师没回家我就不回家,当所有老师都离开学校,我才关上走廊的灯离开。

那时,学生也是一个月回家一次,头天下午走了,第二天上午就回来了,老师星期六、星期天没有休息过。妻子有时为了节约时间,赶集买菜买得比较多,没时间做饭菜都坏了,我们很多时候没时间炒菜,就吃点咸菜就个馒头对付一下。

为了上好课,年轻教师经常加班备课,请老教师听课、评课、磨课。有一次,一位年轻老师备着课睡着了,我不忍心叫醒他,因为秋天天气有些凉,我怕老师感冒了就把我的外套脱下来披到他身上,大约一个小时后这位老师醒了,一看是我的衣服非常感动,我却因为把外套披给他而冻感冒了。为了提高教育教学水平这都不算什么,在大家齐心协力的努力下,年轻教师有了很大的提高。

有许多教师牺牲了中午休息时间在教室或在办公室,解惑答疑,从来不讲条件、谈要求,无论是早自习,还是中午,或者晚上,都有我们老师默默奉献的身影。

在老师的带动下,学生的学习积极性也很高,课间经常有学生问老师问题,下课以后学生都不走,这个学生问完了另外一个学生又来问,导致很多老师有时候吃不上饭,我就帮老师把饭打回来,边讲边吃。我通过对老师的关心来表达对他们工作的支持和肯定。

很多学生回家跟家长说到老师的敬业,家长也非常感动,有一次开家长会的时候,家长跟我说:"周主任,为了学生你们老师太辛苦了!"我说,"这是应该的,家长把孩子送来,我们不能辜负家长的信任啊!"

那时候整个学校的学风非常正。我经常和教师谈心、交流,帮助他们解决生活、工作中的困难,思想上一致,心灵上沟通,使年级的每一位教师都支持我的工作。

有一次,我看到一个老师好像有心事的样子,我就问他有什么心事呀?他说我现在准备订婚,什么见面礼、钻戒等需要钱,因为是家里农村的,父母也帮不了多少,正在为钱发愁。知道了这个情况以后呢,我就回家跟妻子商量,问我们还有多少钱。妻子说一共有2000元钱,我就说服妻子把这2000元钱取出来给了这个老师,我说:"不知道能帮你解决你多大的问题,我只有这些你先用吧!"这个老师非常感动,工作也更加努力了。

对老师们，无论工作和生活我能帮助尽量帮助。我记得还有一位老师因为当时工作非常忙，没有时间和对象见面，谈了几个都没成，我就跟这位老师说，年轻人找对象也很重要如果有课的话调一调班，这是大事。

年轻老师一说去见对象，我都尽量支持，因为对老师们的关心，我跟他们的关系都非常好，很多年轻老师私下都喊我："政哥。"

就这样不知不觉到了期末，全市期末考试，检验我们成绩的时刻到了，本以为我们付出这么多努力，一定会有不错的成绩，能让老师们过一个轻松的寒假。

但是，出乎我们所有人的意料，在期盼中成绩总算出来了，我们的成绩很不理想，老师们都很沮丧。

面对这个情况，我很快平复了自己的情绪，召开骨干教师会议，在会上分析试卷、查找原因，最后总结了三点：1. 学校年轻老师居多，对重点、难点把握不到位。2. 课堂效果不高。3. 学生的学习积极性不高，缺乏答题技巧。找到原因，会上我给老师们树立信心，鼓励安慰老师一起找到努力的方向。

会后，我一直琢磨如何改变现状，我想向优秀的学校或地区学习应该是一条捷径，于是到处打听教学好的地区，我听说临沂教学水平高，就带着家乡特产坐长途车跑到临沂，找到一个从莘县调到临沂教研室的老师，要来他们学校的教辅资料和试卷，这个老师被我的精神感动，经常帮我邮寄资料。

还有一次，我听说泰安的教学质量很高，就决定去泰安取经，我听说一个同事调到泰安一个教育局教研室做主任，就决定去找他。那时候正好快过春节了，我跑到泰安找他要试卷，他即吃惊又感动，就想办法帮我找试卷，我带着试卷回莘县的时候已经年二十九了，打印社都要关门了，我硬是恳求人家把试卷印出来再下班，我说早点印出来好让我们的学生大年初五一上学就能考试。打印社老板深受感动，加班加点给我印了出来。

尽管如此，那个春节我也没过好，为什么我们这么努力依然没考好，为此，写了大半本子反思，进一步寻找原因。

开学以后，我们从教学上、管理上下更多功夫，学习其他先进地市的经验，老师对大纲的把握逐渐准确，我们的教学逐渐走向正轨。每个班都能以班主任为核心，研究学生、分析学生，具有非常强的凝聚力，全体教师精诚团结，一人有事,其他人都毫无怨言地顶上去,完成学校交给的任务已成为我们共同的心愿。

抓好教学之后,我的工作重点逐渐放在学生管理上,重点抓了学生的学习规范、习惯的养成和学风建设。

年级组进行了多次综合整治行动,对上课睡觉、在宿舍听收音机、看小说等违反学习纪律的人和事进行了重点的整治,并将这项工作列为年级管理的头等大事来抓,做到经常化、制度化,经过整顿班风、学风大有好转。

同时,我经常与学生进行座谈交流。在交流中,学生们反映学校生活太枯燥,每天除了学习就是学习,长时间学习太单一了,缺乏动力。于是,我就组织学生做一些有益身心的活动,开展了形式多样、丰富多彩的活动,比如歌咏比赛、诗歌朗诵、话剧排练等,在活动中培养了学生的纪律性、团队精神、集体荣誉感和良好的精神风貌,树立了正确的人生观,对学习也是一个很好地促进,在活动中育人,在活动中成长,这些活动在学生心中留下了难忘的记忆,多年以后很多学生依然记忆深刻,成了高中时期难忘的记忆。

那一年,我们学校的学生在全县中小学歌咏比赛中获得了第一名的好成绩。

通过各种活动产生了凝聚力,对学生的心灵产生了巨大影响,我同时亲自抓特优生的培养和后进生的转化,从早到晚我盯在学校、教室、操场,有学生的地方就有我的身影。

经过对特优生的培养和对后进生的转化,经过三年的师生共同努力,那一年,我们学校的学生 1 人以 717 分被清华大学录取,名列全省第五名;1 人以 697 分被北京大学录取,名列全市第 2 名;那一年,全市第一、第二、第八名都是我们学校的,另外,还有多名同学被人民大学、复旦大学、南开大学、武汉大学等名校录取,被山大录取 30 多名,打破了莘县十几年没有清华、北大录取生的记录,为我县重点本科实现重大突破做出了贡献,也为实验中学打开了良好的开端。

我在实中度过了十年,送走了三届高三毕业生,教师的教学水平和学生的高考成绩,都在全县名列前茅,第二届第三届学生无论是高考成绩还是整体素质都得到家长和社会的认可。

回顾这几年做年级主任的工作,有苦也有甜,个中滋味只有身在其中才能体会,那段艰苦又幸福的岁月,为我的教育生涯留下了浓浓的一笔,学生的成长、学校的发展,就是对我努力付出的最好回报。

　　我很庆幸能做自己喜欢的事,从事自己热爱的事业,虽然办一所新的学校无比艰难,但与学校相守,与师生相伴,我的内心充满幸福感,真正体会到教育带给我的职业价值感和成就感。

管理中的几个小故事

从第一届年级主任到副校长，我在实验高中已经度过了十年的时间，这十年我与实验高中共同成长，共同见证。

如今实验高中已经成为聊城市重点高中之一，学校教学质量始终位居全省前列，我也在事业上不断走向成熟，回顾在实验高中的十年，很多事情仍记忆犹新。给大家分享几个小故事，或许能带给年轻教师一点启发。

学生丢钱了怎么处理?

在学校，学生丢钱、丢东西的情况时有发生，出现这种事情，老师的处理方式不同可能会产生不同的结果。

有一次，一个班主任告诉我，学生返校从家里拿来 200 元生活费和资料费丢了，问我怎么办? 在 20 世纪 90 年代，200 元钱对于一个农村孩子来说不是个小数目，相当于他一两个月的生活费，这个学生急得一直哭，老师也非常着急。

丢钱这个事非常棘手，处理不好有可能产生极坏影响，我必须慎重，我说:"我要考虑下，下午再告诉他"。

下午他来找我，我说:"我有一个办法，你可以试试"。

他问:"什么办法? "

我说 :"我也不能保证这个办法一定能把钱找回来，但只能死马当活马医了"。

我告诉他，你下午自习课时首先进行品德教育，讲一些做人的道理，同时强调有可能某个同学因为家庭困难，看到别人的钱产生了占为己有的想法和行为，我相信这个同学不是真正的"小偷"，只是在诱惑面前做出了冲动的决定，拿别人钱这种行为是可耻的，是不道德的，如果这种行为不及时改正，将来走向社会就会犯罪。同时强调如果今天老师当着全班同学的面翻出来，对他的一生都会产生不好的影响，他也将无法在学校立足。今后的人生还很长，不能为了这200元钱背着小偷的罪名，相信这个同学现在一定也在遭受良心的谴责。

班主任说："这样能行吗？我讲完他会把钱送回来吗？"

我说："做错事的学生即使知道自己错了，也没有勇气在老师和同学面前把钱主动交上来，为了维护他的自尊，我想了个办法。"

"你晚上下了晚自习，给班里每个人发一个黑色方便袋，然后把教室灯关上，给学生几分钟的时间，每个学生都在塑料袋里面放一个纸团，请那个做错事的同学把钱和纸团一起放到方便袋里，让学生们依次走出教室，把所有的方便袋装到一个筐里，你看看能不能找到丢失的钱，你试试这个办法行不行。"

这个班主任回去就按我说的办法去做了，同学们离开教室后，他打开灯把一个个塑料袋打开，惊喜地发现那200元钱真的在其中一个塑料袋里。

第二天，他又借机对学生进行了进一步的教育，对送回钱的同学进行了表扬，对他的勇气表示赞赏，并告诉同学们以后不要做这样的事，如果家庭有困难告诉老师，学校一定会想办法帮助他。

那时候，我在办公室等他的消息，他高高兴兴地来给我报喜，我也很高兴，其实能否找回钱，我也没有把握。我只是相信"用兵之道，攻心为上，攻城为下"的道理，对待学生也是一样，动之以情，晓之以理比强硬的手段有更好的效果。

多年以后，拿钱的那个学生考上了大学，给班主任来了一封信。

信上说：老师，当年那200元钱是我拿的，当时您讲完我就后悔了，可是我没有勇气把钱交出来，我非常感谢你当年没有采取翻口袋的办法，那个钱就在我的口袋里，您如果硬翻一定能找到，但是我的一生都会背负这个污点，我有可能辍学，甚至可能一生都毁了，根本不可能考上大学，您用这种方法给了我赎罪的机会，还保留了我的尊严，您这样做，等于救了我一命，老师，真的非常非常感谢您！

这个老师给学生回了信，信中说：人生在世孰能无过，你现在有勇气承认多年前的错误,让老师由衷地佩服也很欣慰,你放心,我会永远替你保守这个秘密。

这个老师非常激动地把学生回信的事给我说了,我也感慨万分,虽然我至今不知道这个学生的名字,可这件事却给我留下了深刻的印象。

让我深感教育者的责任重大,教师要最大限度地理解、宽容、善待问题学生。用真情感化学生,教师小心翼翼地保护每一个学生的心灵,维护学生的自尊,给学生改正错误的机会,这是一种更高的教育智慧。

年轻班主任怎样让学生信服你?

有一天,一个年轻的班主任过来找我说,"周主任,我不想做班主任了,我管不了。"

我问:"到底怎么回事呀?"

他说:"我们制定了班规,由班干部监督执行,班干部不能一视同仁,厚此薄彼,我说了也不听,我没能力管,我不干了。"

于是我就跟他说,"你大学刚毕业还没有经验,正是积累经验的时候,不要遇到困难就放弃,我给你个问题你回去思考下,明天再来找我。"

我问他:"你当学生的时候有没有佩服的老师?"他说:"有!","那你的其他同学是不是也佩服他呢?"他说:"是的,其他同学也佩服。"

我就让他把他佩服的这位老师的特点写下来,明天交给我,第二天他来了,写了八九条他敬佩的老师的特点,我大概总结了一下:

1. 有才学。不仅有知识方面的充分准备,也有师德风范方面的充分准备,学生由衷钦佩。

2. 有爱心。对学生体贴入微,关怀备至,富有爱心,自然得到学生的喜欢和爱戴。

3. 平易近人。不摆架子,跟学生打成一片。像朋友一样跟学生聊天,帮助学生解决生活、学习上的各种问题。

4. 做学生榜样。凡是要求学生做到的,自己首先做到,凡是说到的就要做到。

5. 会赏识。老师总是表扬、鼓励同学,很少批评,善于赏识的教师哪怕一句鼓励的话语、一个期待的眼神、一个亲切的手势,都会让学生感到无限温暖。

6. 懂宽容。对学生的错误不斤斤计较,不耿耿于怀,讲道理,以理服人,不以势压人。既保护学生隐私,不伤及学生自尊,又能使学生认识问题,改正错误。

7. 公正。处理问题公平、公正,使学生相信公道自在人心,有理走遍天下。

8. 善管理。按照学生的言行规范来严格要求他们,按照他们的成长规律给予他们改正错误的时间和机会,不一味地批评和指责。

9. 风趣幽默。说话风趣幽默,内心阳光,让课堂洋溢欢声笑语,使学生在枯燥、紧张的学习之中得到欢笑和放松。

看了他写了这么多,我就问他:"你看你佩服的老师有这么多特点,对照一下你做到了几条呢?"

他说:"周主任,我大多数没做到。"我说:"管理班级首先要跟学生搞好关系,让他们认同你,你看看你佩服的老师是不是这样做的? 接下来你应该知道怎么办了吧?"

他说:"我明白了,周主任。"从此以后,这个老师管理班级越来越好,逐渐成为优秀班主任。

我们做老师的总是羡慕那些课上得好,受到学生爱戴的老师。他们对教材处理精到,善于调动学生的学习积极性,他们把班级管理得井井有条,这是他们日积月累用心付出的回报。

其实,每一个学生的心里都有一本账,记载着对自己任课教师的印象和感觉,你对学生好,学生也会真心对待你。我想,一个好的老师,应该像一杯好茶,让学生回味无穷。

做老师不能有功利心

有一天,校长找我谈话,说我们年级有一名学生家长投诉班主任打骂学生、停学生的课,因此家长要给学生转学,我就把这个班主任叫到办公室了解情况。

这个班主任说:"我看到这个学生就烦,上课打闹,不听课影响别人,学习成绩倒数，把全班分数拉了下来，我不想要他了，想让他转学。"

我就说："学习好的学生人人都喜欢，可是学习不好的孩子也是家庭的希望，每个学校都有不爱学习、不守纪律的孩子，那遇到这样的学生我们就逼着他转学，我想这不是我们做老师应该做的。"

老师低头不语，我接着又说："家长把孩子送到我们学校来是对我们的信任，作为老师不能有功利心，学习不好我们就讨厌他，就把他推出去，那我们教育的目的是什么？我们做老师的价值又是什么？假如这个孩子是你的孩子你会怎么办？"

通过交流，这个老师认识到了自己的错误，对教育有了深刻的理解，他主动跟家长道歉，跟学生和解，取得了家长和学生的谅解，同时改变了对学生的态度，这个老师成长很快，逐渐跟学生相处也融洽了，老师态度上的改变，促使这个学生也有很大的改变，后来这个学生还考上了大学。

在传统观念中，人们常把后进生当成"坏学生"，说是"朽木不可雕"，严重地伤害了他们的人格和自尊心。然而，每个后进生都不是与生俱来的后进，由于受不和谐的家庭、学校教育的疏忽和社会的不良风气等多种因素的影响，加之他们自控能力差，致使一些孩子失去了正确的生活观、价值观，向着不良的方向发展，进而演变成所谓的后进生。

转化后进生的教育工作是一项长期、复杂、艰巨的系统工程。作为教育工作者，要切实认识到自身对于学生，尤其是对后进生的教育和引导责任，而不是粗暴地批评和惩罚，后进生更需要得到理解和帮助。同时，还需要学校、家庭和社会的密切配合，共同形成一体化的教育生态链，这样才能获得良好的教育效果。

作为老师应该摒弃对后进生的偏见，用真诚和热情去填补他们情感的空缺，去修复因受不良影响而形成的心理障碍，去点燃他们心中的希望，多给他们一份爱，时常给他们一张笑脸，用更多的关怀与爱去融化他们内心的坚冰，点燃心中自尊和进取的火花，让他们感受到集体的温暖，只有这样才能对培养他们正确的人生观，引导他们健康成长起到积极的作用。

关于后进生的引导，我总结了以下四点：

1. 尊重人格，保护他们的自尊心。

2．赏识优点，激发他们的上进心。

3．提高要求，培养他们的责任心。

4．集体帮助，调动他们的自信心。

学生做好事迟到应该扣分吗？

关于制度的制定与执行，很多年轻教师把握不好，我们都知道制度制定了就要严格执行，但同时制度又是有弹性的，应该产生积极的效果，制度和人性化相结合，才能发挥它的积极作用，否则可能会产生消极的效果。

一天，一个班主任来对我说："周主任，我们班一个学生迟到了，根据班规应该扣2分，可是扣分之后他不服气，一直在那里哭，你说怎么办？"

我问："他真迟到了吗？"

他说："真迟到了！"

我问："那扣分他为什么不服气呢？"

他说："学生说，他迟到有原因的。"

我又问："什么原因呀？"

他说："学生是个走读生，他上学的路上看到我们学校的老师在送孩子的路上自行车车胎坏了，他就把自己的自行车给老师用了，自己推着老师的自行车来学校的。"

我问："你证实了吗？是真的吗？"

班主任说："证实了，是真的。"

我就进一步引导班主任："学生迟到应该扣分吗？"

他说："应该！"

我又问："那学生做好事，应该加分吗？"

他说："应该！"我说："那你觉得做好事应该加几分呀？"

他说："这个学生做好事应该加3分吧！"

于是，这个学生迟到扣了2分，做好事奖励3分，学生心服口服，老师也知道了制度的原则性与灵活性应该相结合。

人们常说，制度是死的，人是活的，如果不管什么情况，都按制度搞"一刀切"，就会陷入严厉有余而人性化不足的情况，在实际的管理工作中，制度也不是铁板一块,温情管理、人性化管理同样也是我们教育应该倡导的理念。

都想当班长怎么办?

对于一个班来讲,班长是相当重要的,所以班主任在选班长的时候还是很慎重的,有一个老师就为了选班长的事左右为难来找我商量。

原来他们班民主选举班长,班里一个男生和一个女生得票相当,都想当班长,都曾经在初中当过班长,如果让男生当班长就会打击女生的积极性,反之亦然。面对这种情况班主任不知道如何处理了。

我就告诉他,"你可以先让男生当一个月班长,再让女生当一个月班长,通过竞争机制促使他们能更好地做好班级工作和班级管理,还不打击他们的积极性。这个班由于有两个班长轮流"执政",班级管理越做越好,这个班在年级里各项表现都很出色。

在一个班集体中,班干部起着重要的作用。对于班主任来说,班干部是班主任的左右手,对待他们的态度和方法,对于管理好班级来说是至关重要的。如果班干部尤其是班长起到了积极主动的管理作用,会使班主任的班级管理轻松得多,甚至是对于各科任老师来说,都是有很积极的作用的。

从教学走向育人

2008 年是我在实验高中第十个年头，8 月份组织部找我谈话，把我调到莘县二中做校长，尽管妻子反对，我自己也不是很情愿，面对组织的决定我只能服从，来到这个乡镇中学，我才知道我接手的是一个多么棘手的学校。

首先，学校环境恶劣。学校周边网吧、游戏厅等娱乐场所较多，很多社会上的混混随便出入校园，搞得学校乌烟瘴气。

第二，课堂秩序混乱。老师在上面讲，一多半学生在睡觉。

第三，宿舍管理混乱。晚上学生不睡觉大声喧哗，宿舍卫生也很差。

第四，学校地理位置偏僻造成师资匮乏，好老师调走，新老师不愿来。

另外，学校的生源是其他高中招收 5000 名之后的学生，普遍学习兴趣不高，学习动力不足，学习风气较差，学生没有良好的习惯，由此导致学生辍学率高，升学率低，家长满意度低，社会评价不高。

面对学校现状，我考虑的是如何在现有条件下，培养这些孩子成人成才，即使考不上大学，也要让他们成为人格健全、品德良好、对社会有价值的人。

于是，我采取一系列措施，把学校风气纠正过来。对内整顿校风，杜绝学生跟外界不良青年来往，对外联合当地政府、派出所维持学校秩序，派出所派人在校门口值班一个月，扭转了风气，杜绝了外来人员进入学校。

我带老师外出学习把课堂活起来，提出了"打造高效课堂，让学生每天进步，创建安全校园环境，让家长放心"的口号。课堂秩序越来越好，杜绝了上课睡觉的现象。

我带头和领导班子人员轮流在学生宿舍值班，睡在学生宿舍，经过一段时间的整顿，成效很大，学生宿舍卫生、纪律都有很大改观。

为解决师资匮乏问题，县领导决定把二中搬到县城，临时租用其他学校闲置的校区。

租的校区设施陈旧需要维修，再加租用地方需要付租金，县里没有这项经费，我们又面临资金紧缺的问题。没有经费只能我们自己想办法，我把家里仅有的5万元拿来，学校其他老师也这个拿1万那个拿2万地纷纷出钱出力，总算让400多名学生和30多位老师有了安身之处。

迁入新校之后，面对这些学生，我感到教育的重点不仅仅是教学，更应该是育人，应该用更多的关怀与爱去融化他们内心的坚冰，点燃他们心中自尊和进取的火花。

这些学生中后进生占很大比例，他们由于学习成绩和纪律性较差，不思上进，经常违反纪律。但他们跟一般学生一样，具有强烈的自尊心，受到批评容易产生自卑心理，消极沉闷，等等。

后进生也不是天生的，缺乏亲情的温暖、家庭教育的缺失、智力因素等原因，使得他们即自傲又自卑。另外，这些学生意志力薄弱，不容易养成良好的行为习惯。因此，在对他们的教育中，仅用批评和处分是不能奏效的，必须对他们倾注爱心，尊重他们的人格，用民主、平等、健康的方式对待他们，用爱心融化他们冰冻的"心理防线"，在师生间用爱架起一道情感交流的桥梁。

一个班主任在汇报工作中说了这样一个实例，班里有个男同学，沉默寡言，固执又叛逆，学习又沉不下心，成绩极差。在老师几次找他谈话中了解到，他认为自己特别笨，智力不如人，唯恐老师、同学们看不起他，上课不敢接触老师的目光，怕被提问，怕上讲台，所以才自暴自弃，学习上即使有困难也不咨询老师、同学。

针对他的情况，老师主动提出同他交朋友，老师在课堂上有意让他回答一些较容易的问题，并对他进行适当地表扬、鼓励，老师还在课余时间帮他补习基础知识，跟他一起吃饭。经过一段时间的接触，他感受到老师是真诚地关心他、帮助他、爱护他、尊重他。他很快变得开朗、自信，对老师也逐渐从"戒备"变为"贴心"，从"疏远"变为"亲近"，学习成绩有了明显进步，人也变得开朗起来，在班里又听到了他和同学玩耍时发自内心的笑声。

通过这件事，老师总结出孩子们需要关注和倾听，需要老师像朋友一样走进他们的心灵。

高中是人生的重要阶段，具很大的可塑性。我发现大部分学生也渴望进步,也渴望成才,只不过缺乏正确的引导。作为教育工作者,要善于了解他们的志趣和个性特征,观察发现他们的闪光点,寻求沟通育人的切入点。

在教育工作中,我给老师们提出要对后进生有所"偏爱":课堂上能够举手发言就加以鼓励;学习上有所进步就给予赞许;品德上做点好事就进行表扬。让后进生品尝到受赞许、表扬的欢乐,而不是让他们在课堂上成为被冷落、被"遗忘"的对象。赢得后进生的信任、成为他们的知心朋友之后,转化工作就容易多了。

对学生的教育要不仅要善于捕捉他们身上的闪光点,还要充分挖掘其积极因素,但决不能为了走近他们对他们降低要求,应该把热情、关心同严格要求结合起来。在关爱他们心灵和思想的同时,要对他们逐步提高要求,从而促使他们形成渴望进步的内驱力。

"一五三"课堂教学模式和全员育人导师制

根据我们学校学生的特点,我提出了"为每个学生提供适合的教育"的办学宗旨,经过多次外出学习和考察,根据学校的实际情况,我带领领导班子开始构建"一五三"翻转课堂教学模式和全员育人导师制,逐渐把学校工作重点从教学走向教育。那么,教育与教学的区别是什么呢?

1.侧重点不同。

教育:在于育,育人,它存在于人的各阶段。

教学:在于学,学会知识技能,往往存在于各种学校。

2.教育包括教学。教育的主要任务是育人,是一种提高人的综合素质的实践活动。而教学是教育的一个组成部分,在教授学生知识技能的同时也要渗透育人的这一方面。教学是教育的一种手段和方式,用来实现教育。

"一五三"课堂教学模式和全员育人导师制充分体现了学校教育的育人功能。全力提供适合每个学生发展的教育,全力助推每个学生的可持续成长和进步。

"一五三" 翻转课堂教学模式

"一五三" 翻转课堂教学模式中的"一",即一个指导思想——让课堂领动起来;"五",即五个环节:自主探究、合作交流、质疑补充、点拨提升;"三",实施课堂教学的"三个抓手":导学案、分组教学、量化评价。

通过自主学习、微课助学、讨论释学、小组评价等活动,培养学生良好的学习习惯、自主学习能力和合作学习能力,锻炼发展思维能力,增强学生学习的自信心。把课堂教学作为育人的主渠道,把德育的核心内容有机分解到每一门课程,充分体现每一门课程的育人功能、每一位教师的育人责任。

"一五三" 课堂是基于尊重学生天性,激发学生精神动力,努力让课堂迸发活力,让学生感知快乐的心理体验,从而推动学生自主学习、主动发展、创新发展的改革行动。

"一五三" 课堂以尊重人的生命发展需要为出发点,目的是为学生的学习注入动力,从而激发学习活力,达到高效学习的目标。因此,"一五三"课堂更加关注过程的魅力,更加充满了人文情怀。

"一五三" 课堂努力使学生的学习是基于内在兴趣和需求的推动,强大的内驱力使学生学习成为一种生命成长本身的需要。

"一五三" 课堂从"知识传授型课堂"向"激情、思考、开放、分享"的课堂转变,让课堂成为师生快乐成长的殿堂。学生拥有足够的思考空间,思维高度活跃,表达充满自信,教师和学生都进入了一种主动成长的境界。提升了师生的幸福指数,教师的魅力也大大增强,育人的质量也得到全面提升。

在这样的课堂上,孩子们懂得了合作、分享、自立与责任的意义,习得了交流、互助、自律与思考的能力,在学业成长的同时也成长着自己的道德品行。

全员育人导师制

为了进一步达到育人功能，学校探索实施了全员育人导师制，使德育成为每个人的"分内事"。上至校领导，下至普通教职员工，都担任学生导师，都参与育人。每个班由班主任任"主任导师"，其他任课教师任"导师"。"主任导师"和"导师"均负责所执教班级的一个或几个学生小组，对学生从学习、生活到德育等各个育人环节上进行全方位的指导与帮扶。

全员育人导师制做到全程育人，导师将育人工作开展至学生学习生活的每一个环节和高中阶段的全过程，不放过每一个细节，对学生进行尽可能全面的呵护与帮扶。导师通过活动指导、沟通交流、参加"由主任导师"牵头组织的班教导会和集体备课等活动，将育人落到实处，落实到每一个环节。

"导师"在履行育人职责时采用"三导"策略，即导心、导学、导行。导心包括对学生进行"思想引导"与"心理疏导"，引导他们形成良好的道德品质，及时为学生疏解心理问题，使其健康阳光地生活与成长。导学包括指导学生"学会做人"与"学会学习"。导行指"导师"引导学生把优良品质落实到学习、生活中去，从小事做起，践行美德雅行。如通过社会实践课程组织学生给父母洗脚、到敬老院献爱心，培养学生感恩父母、尊老敬老的优秀品质等。

全员育人导师制增进了师生之间的距离，让学生体会到亲密无间的师生情谊，让导师走进对方的心里。青少年的成长尤其需要心灵的交流，当老师成为学生最亲密的朋友时，学生的心灵有了陪伴，使他的内心不再孤独，而老师也在学生的信赖中找到价值和动力。

我在莘县二中的十三年里，我带领学校领导班子和教师把莘县二中从一个农村中学发展成一个全面信息化的学校，我的教育方向也从着重教学走向着重育人，我们的"一五三"教学模式、全员育人导师制、成长记录、主题班会、阳光大课间和教育信息化，所有的改革措施只有一个目的——就是为这些学生提供适合的教育,让他们成人、成才。

这些措施实施的过程中还存在着很多问题,但问题即课题,我们将在实践中不断完善,就像生命本身就是一个不断进化的过程一样,教育也是如此。

我想,学校应该是老师和学生的乐园,教育就是关心、照顾好每一个生命,让每一个生命找到适合它的生长方式。让每一个生命洋溢着动人的光彩,是每一个教育者的使命与责任。

第二章 我的教育理念

爱是教育的灵魂

巴金说，"我之所以写作，不是因为我有才华，而是因为我有感情。"我想说我们之所以做老师，不是因为我们有知识，而应该是因为我们心中有爱。

爱是人类不可缺少的情感。作为教师来说，爱意味着付出，意味着奉献，意味着善待每一个生命，因为只有爱才能唤醒爱，没有爱就没有教育。一名优秀的教师只有热爱自己的学生，才能热爱自己的职业，才能成为一名真正意义上的优秀教育工作者。

作为教师，我最大的动力来自学生。无论我在乡镇还是在城里当老师，每当我在课堂上看到孩子们渴求知识的目光，看到他们的期待与尊重，都能深深地打动我，感觉一股暖流从心中流淌，激发出我内心满满的爱。我会觉得一切付出都是值得的，我的内心会充满了幸福。

我在乡镇教学的时候，基本上跟学生同吃同住，我从家里带来包子、馒头、肉跟学生们一起吃。有的时候，学生们也从家里带来好吃的给我吃，我们之间那种情感亲切而温暖，这种情感是自然的流露，不掺杂任何的杂质。

记得1985年我刚工作时，教高二物理并担任班主任，有一天班里有个女同学拿着一个精致的笔记本给我送到办公室。我说，"啥意思？你还没毕业呢,送啥笔记本?"这个女孩含着眼泪低头不语。仔细一问才知道,这个女生父母不想让她上学了,想让她嫁人。

听了她的话,我心里想这个孩子平时成绩很好,不上大学太可惜了,父母的决定会耽误她一生。我就打电话让她父母到来学校一趟,想做她父母的工作,但她父母不肯来,我只好骑着自行车去了她家,苦口婆心地给她父母做工作。在她家待了一上午,说如果家里有困难,我可以给你拿学费,她父母终于被感动,答应让她继续上学。这个学生果然很争气,不仅考上了大学,工作后也一直很努力,现在是聊城电业公司的财务科长。尽管过去很多年,这件事仍然让我自豪。

这样的事情还有很多,我不想我教过的任何学生掉队。我记得有一年教毕业班,我班里有个学生叫王英俊(化名),有一天很伤感地对我说:"老师,我以后不能上学了。"我问,"为什么?"他说,"家里穷,交不起学费了。"我说,"你甭管了,我替你交。"我当时没有想太多,只是不愿我的任何学生因为交不起学费而退学。

后来,这个学生考上了聊城的电视大学,之后很久没联系我,这个人我也渐渐地淡忘了。

过了几年,他突然提着水果、礼品来看我,他对我说,"老师,当年因为您替我交的学费,我才有机会继续上学,可是我前几年工作没干好,生活也困难,愧对您的期待,所以一直没脸来看您。现在,我在工作上有了一点成绩,我才有勇气来见您。"

原来,经过这几年的努力,他在一所学校当了老师,今年评上了教学能手,并且结婚有了孩子,感觉终于可以用他的成绩来报答我了,所以才来看我。我笑着说,"知道你过得好,工作努力,返比什么礼品都好。"

这个学生非要还给我当时给他垫付的十几元钱学费,这个我当然不会收。假如用十几元钱就能改变一个人的命运,我愿意抓住任何这样的机会。当然,对学生的爱不仅仅体现在物质方面,适当的惩戒也是爱的一种方式。

记得我教过的学生里还有个很调皮的学生叫张南(化名),上课迟到早退,成绩不好,屡教不改。有一次我很生气,让他叫父母来,想跟他父母谈谈,可他竟然给我跪下了,我愣了,问他:"你这是干啥?"他说,"老师只要你不让我叫父母，我就一定改！"我说，"好！我答应你，不叫你父母来了，我再给你一次机会，看你的表现！"

从此以后，这孩子竟然真的逐渐好转了，上课遵守纪律，成绩逐渐提升，后来还考上一所不错的大学，现在在一个乡镇当副书记。有一次他请我吃饭，对我说，"周老师，幸亏您当年管我严，不然我可能就是一个社会上的小混混了。"我也深有同感，老师的一个举动有可能影响学生的一生，我深感作为教育工作者责任重大，从不敢掉以轻心。

近年来，"赏识教育"盛行，但是我认为，教育中单纯的赏识是不够的，适当的惩戒也是有必要的。

自从这件事情以后，我开始认识到，由于学生家长的个人素质、生活环境、家庭背景等不一样，导致家庭教育水平参差不齐，对孩子的教育也不尽相同。可是作为教师，我们既不能选择学生，更不可能选择家长，只能根据学生不同的特点，改变自己的教育策略，教育最终指向的是孩子未来的幸福。

现在，教师们大多充满爱心。这固然是好事。但一个健康的生命，不仅需要爱，也需要适当的惩戒，玉不琢，不成器。

当然，在实行惩戒的时候，应确定好惩戒的"度"，让他们从思想深处认识到自己的缺点与错误，并留给其改正的机会。这是一个人一生中的宝贵财富。因此，为了孩子的健康成长，教育不能没有惩戒，惩戒也是一种爱。

从事教育工作三十年来多，就是因为对学生的这份爱，让我一直保持着工作激情。

我教过的学生们毕业后经常与我聚会，有一次聚会，一位学生对我说，"周老师，有一次上课，您提问我，我很紧张，您说，'大胆说，错了也没关系。'我回答了您的问题，您用非常欣赏的目光望着我说：'我觉得你在物理专业方面很有天赋，坚持下去，肯定会有很好的成绩！'因为您的这句话和您赞许的目光，我越来越自信，物理成绩越来越好，其他成绩也慢慢提高了，我之所以考上大学跟您当年的鼓励分不开，谢谢您！"

可是，我早已不记得我当时说过什么，那时候，我并不知道我的一句话或一个眼神能带给学生如此大的影响，我甚至有些内疚，那时候我应该多为学生们做些什么，多说几句鼓励的话，多给他们一些关爱。

学校应该是一个充满爱的地方,是生命与生命相遇的地方,是一个生命被另外一个生命温暖的地方。我相信,对于生命的这种感悟是人间挚爱的源泉。

我们学校施行全员育人导师后,每个任课老师都是导师,都要管十几个学生。各个年级管不了的学生,我来当"导师",我的做法是让他们当我的校长助理,记录学校的不良现象,记录自己的每一个进步,通过这种方式,培养了他们的责任心,通过这种方式他们慢慢地都成有担当、有责任的学生。

我们学校毕业的很多学生经常回来看望自己的老师,看看学校,其中就有当年给我做校长助理的学生,他在毕业三四年之后,成了一名优秀士官,每次回来探亲都来学校看我,看看学校,帮着学校做些事情,还给学校捐助了很多物资。

经常有我们学校毕业的学生给学校捐赠物资,或者是给自己的老师打个电话问候一下,我感觉这就是爱的回馈,因为这些学生对学校有深厚的感情,他们让我感动,也让我深以为荣。

品德是育人的核心

我记得有一年,我担任高一一个班的班主任。有一天下午,我从办公室出来准备去班里布置作业,刚走进教室,有位同学立刻站起来对我说:"老师,我的 50 元钱不见了!"听他这样说,教室的气氛骤然变得紧张起来。大家开始窃窃私语,脸上都是一副无辜的表情。

我知道我遇到了棘手的问题。钱是在教室丢的,而且是在第一节课下课的十分钟之内,我的脑子迅速地思考着。

但是让这些已经十五六岁的孩子诚实地说出谁拿了钱,绝不是简单的事。

"老师,今天这件事一定要查清楚!"有同学提出了建议。

我只能选择在放学之前查清事实真相,而我知道我没有这个把握。

时间在一点点地流逝,我只能采取缩小范围的办法,把第一节课下课后还在教室里逗留的孩子们留了下来。

我多么不想自己的班上真的出现拿别人钱的学生啊,如果查了出来,这个孩子将在六十多个学生面前永远抬不起头,甚至在他的心灵上永远背上了沉重的十字架。我不想我的学生背着"小偷"的罪名。

最后,我让孩子们离去,教室里只剩下我一个人。

这时,有两个孩子折回教室对我说:"老师,班上的小刚(化名)下午和高二的几个有名的'捣蛋分子'在我们教室外面说话,小刚好像给了他们什么东西,然后他们就走了。"

这条线索很重要!但是我没有发表任何意见,让他们先走了。

这个小刚学习不好,不爱做作业,而且有撒谎的现象。但他的家境不错啊!难道他是受到了某种威胁吗?

第二天早上,同学们似乎还在议论着昨天的那件事。

我走进教室说："小刚,你出来一下。"我把他叫出教室,真诚地说道:"小刚,老师很需要一个小助手,你很聪明,老师今天就任命你为班上的"神探",以后守护我们班的安全,好不好?"

他眨着一双明亮的眼睛,不相信地望着我,"老师,是真的吗?"我坚定地看着他说,"是真的!"

接着,我当着全班同学的面,宣布了这件事,同学们纷纷发出了无法相信的"嘘"声。

我接着说:"同学们,我不相信我们班上有你们所说的'小偷',我相信当你们长大成人后,在你们中间,也绝对不会出现拿走别人钱的人。大家退一步想,即使钱真是我们班的同学拿走的,说不定他是一时糊涂,说不定他有难言之隐,我想,他现在肯定也在承受着良心的谴责。如果这个人是你,你希望老师当着这么多同学的面叫出你的名字吗?"同学们面面相觑。

我接着说:"我知道那个拿钱的同学一定会找机会悄悄放回原处。"教室里变得鸦雀无声,有的同学在思考,有的同学默默地在本子上写下了什么。

我相信在他们今后的人生中一定会记住这一天。第二天果然那个丢钱的同学说钱在他的书桌里面找到了。

多年来,我一直在思考如何对学生进行品德教育,才能从根本上提高学生的思想道德品质。

我认为,品德教育必须要从德育的主渠道——课堂教学出发,因为课堂教学是学生汲取营养的重要途径。而品德学科更是进行德育教育的重中之重。

品德教育也一直是古今中外教育家谈论的话题,一代师圣孔子将教育的主要目的归结为培养人良好的道德品质,他主张"仁爱、礼义、忠恕、明智和诚信",这些理念不仅在思想上引领了人们为人处世之道,也在实践中体现了道德的重要性。

孔子不仅为我们提供了弥足珍贵的德育理念,也用他的一生去践行了他的教育理念,"有教无类",在给予学生平等教育机会的同时,从学生自身出发因材施教,让学生的天性和优势得到释放,培养出了不同的优秀人才,以德行修养受到后世尊崇的颜渊、闵子骞、冉伯牛、仲弓;以言语成就卓越的宰我、子贡;在文学造诣上成绩斐然的冉求、子路、宰我、子游……门下弟子3000,社会崇尚"仁义道德"，孔子用他自身的品行和学识影响了一大批人乃至他所处的时代。

　　古希腊的哲学家和教育家苏格拉底曾提问他的学生，品德是天生的？还是由教育得来的？天赋和教育在人的发展中会起到什么样的作用呢？

　　在苏格拉底的对话录《论美德》中。苏格拉底从"美德即知识"的观点出发，提出了"德行可教"的主张。这种主张强调知识与道德之间的内在联系，肯定了知识的传授与道德教育之间直接相关；同时，由于认识到道德的知识基础，为道德教育的进行找到了一条重要的途径。

　　以此为出发点，苏格拉底提出了教育可以使人得到改进的主张，认为人的天赋存在差异，无论天资聪明还是愚钝，胆大还是怯懦，都必须接受教育。越是天资聪明的人，越需要受教育，否则会变得令人难以驾驭。

　　禀赋优良最有可能成为有成就的人，如果经过教育而学会了怎样做人，就能成为对社会有用的人，相反一个人的道德水平越低，其能力越大对社会的破坏力就越大。

　　北大资深教授钱理群曾犀利地指出：实用主义、实利主义、虚无主义的教育正在培养一批"绝对的、精致的利己主义者"。这样的论断虽然尖锐，但不无道理。

　　过去有人主张"教书育人"是把"教书"放在前面，其强调的是"教书"，突出的是"教书"，是通过"教书"来"育人"，在"教书"的过程中"育人"，或者是先"教书"再"育人"。"育人"是"教书"的一个重要内容，或者是一个重要目的而已。这是"知识就是力量"的工业时代教育的一种观念，其倡导的教育重点是"知识的传授""知识的学习"。

　　现代教育应该强调"立德树人"，是把"立德"放在前面，强调的是"立德"，突出的是"立德"，是通过"立德"来"树人"，在"立德"的过程中"树人"，或者是说"树人"以"立德"为先。"树人"是教育的根本目的，"立德"是"树人"的重要内容和手段。我们倡导的教育重点是"立德"，是品德的培养，只有把"德"立起来，"人"才能"树"起来。

　　为什么过去强调"教书育人"，现在要把"立德树人"作为教育的根本任务呢？

除了自古以来教育的目的就是要培养有道德的人之外，教育进入了新时代，教育更加需要解决"立德树人"的问题。

首先，"立德"成为关乎中华民族未来的一个大问题。

虽然中国教育历来重视德育，强调做人的教育，党的教育方针也一直把德育放在首位，到今天习近平总书记提出要"德、智、体、美、劳"全面发展。所以，社会主义核心价值观的教育就显得特别重要，特别迫切。

医疗的本质是支持生命自我修复，教育也需要像治病救人那样让学生学会道德的自我修复。教育对学生的不良习惯也需要及时加以"惩戒"，让学生成为道德健康的人。

其次，"树人"成为中国教育的一个主要问题。

当下教育对"教书"的重视已经达到了几近无以复加的程度，但对"树人"还重视不足。由于过分关注"考试"，当下教育的弊端越来越凸显出来。

就像习近平总书记要把"劳动"教育明确提出来一样，因为现在的学生太缺乏"劳动"和劳动教育了。教育如果和生产劳动、社会实际脱节，就会严重影响了下一代人的素质，严重影响了新一代的创新能力和解决实际问题的能力，必将深刻影响到经济建设和政治建设乃至人民的日常生活。

如何做人的教育越来越成为教育的一个主要问题。

第三，智能时代，知识的学习已经越来越不成为主要问题，"立德树人"显得更加重要。

"互联网＋"时代，乃至智能时代，人机结合的教育开始流行，知识可以从网上获得，学习随时随地可以发生，学习的渠道变得多样，"个性化教学"的因材施教成为可能，学校社会化的功能越来越应该强化，学生在学校学做人、学与人相处显得越来越重要。学校成为学生从生理人成为自然人，走向成功人的地方。立德树人在教育中越来越重要。

现代教育学之父赫尔巴特明确提出了"教育性教学的概念"。赫尔巴特认为道德品质的培养是教育的最高目的，但在实现这一目的的同时，却不能放松文化科学知识的传授。因此，道德培养和知识传授构成了学校教育的两个基本内容，形成了实施学校教育的两条基本途径，即通过情感和意志的训练陶冶道德情操；通过系统知识的传授启发学生的智力。

世界进入了新时代,中国进入了新时代,教育也进入了新时代,新时代的教育要扎扎实实把立德树人作为教育的根本任务。育人要潜移默化、持之以恒,所谓"不言之教""无声之诲",说的便是这种培养的功夫。

有位特级教师曾用了一个形象的比喻:"每位学生的心中都有一根根的弦",而老师"宛如一位位弄琴高手,拨动着学生心灵中的弦"。这样拨动心弦的成果,实际就是马克思所说的"人格心灵的唤醒"。

所以,在教育共同体中,教师和学生之间的心与心交流,既是思维碰撞与知识创新的过程,也是情感交融与道德实践的过程,更是灵魂对话与人格塑造的过程,这一过程定是需要时间沉淀的。

我一直相信,一个德育好的孩子一定会有美好的未来,一个重视德育的国家,一定会成为世界强国!

热爱,就是成功的教育,这样的教育才有意义。

阅读，让人生更美好

窗外，下起了雨，带来阵阵凉爽，窗台外面奄奄一息的植物争相拥抱着雨滴，叶子也比以前更绿了。我坐在窗前，拿起了书，读一本书就像给干涸的心灵来一场雨，使人内心丰盈，获得成长的力量。

微风袭来，我早已浑然不知，因为我已经被作者的思想深深地吸引，慢慢把自己融入书的世界。

读书是一种享受。如同陶渊明在《五柳先生传》中所写的："好读书，不求甚解，每有会意，便欣然忘食"。我读书经常到了废寝忘食的地步，每天读书到深夜。

疫情期间，有了更多阅读的时间，在悲凉的同时，能有大把时间阅读，在我也是一种欣慰，因为读书是最美的享受。

做学生的时候就特别喜欢读书，然而不幸的是生性愚钝，后知后觉，直到近几年，才逐渐体会到读书的妙处。就用张潮在《幽梦影》中所说的"阅历之深浅为所得之深浅耳"安慰自己。

少年时阅历尚浅，见识有限，往往热衷于书中的故事情节，心情也随着书中主人公的命运跌宕起伏。中年以后才开始领会书中作者的思想，获取作者在文字中传递的经验和思想精华。

犹记得少年时读金庸的武侠小说，只要得到一本书，全寝室的兄弟立刻废寝忘食，争相传阅。现在想来，那时学业繁重，课外阅读变成了一种放松和娱乐。年少不知愁的我们带着对未知世界的好奇和探索，走马观花地去看故事，只想获得一种酣畅淋漓的体验，那时的阅读只是停留在表层。

现在，不知不觉间步入人生之秋，开始思考作为个体存在的价值和意义。而现在更多的是读一些古圣先贤的书，这些书让我获得敏锐、哲思、内涵、智慧，也让我逐渐走向深刻。

　　每天，无论多忙，都要抽时间给自己，拿着书，或坐桌前，或靠床头，或倚窗边，一"读"为快，就像手机充电一样给自己补充能量。

　　汉代刘向说"书犹药也，善读之可以医愚。"我不知道自己是否阅读得法，也不知道如今还算不算愚，只知道这一路走来，有书为伴，不觉寂寞，能够常常反观内心，不致在纷繁杂乱的生活中丢了那个最真实的自己。于我，这应该就是阅读最大的好处了。

　　白岩松曾提到一件事：中央电视台做过一个关于读书的公益广告，这几年一直在做读书的推广，国际上也把 4 月 23 日定为"国际读书日"，他说，"我总纳闷，你见过国际上把哪个日子定为"国际吃饭日"吗？没有！"

　　既然国际上没有吃饭日，那为什么要有一个读书日呢？不吃饭活不下去，但对于我们的精神来说，不读书难道不也是跟不吃饭一样活不下去吗？为什么我们已经堕落到了要全社会去推广"阅读"？

　　其实，这件事情恰恰印证着某种悲哀和某种觉醒。幸运的是现在很多学校和家庭已经开始重视阅读了。我相信，全民阅读的时代在不久的将来还会重现。

　　曾经看过白岩松一段演讲视频，他在演讲中说，"1986 年是一个启蒙的时代，那是一个阅读显得如此饥饿的时代，是一个每个人都认为文化和精神上的成长要比吃一顿饱饭还要让人开心的事情。"

　　经历过那个年代的人都知道，那时没有电脑，没有 IPAD，也没有手机，没有那些有趣丰富的电子产品。孩子们的课余时间除了完成作业，大部分的时间都在读书或和同学一起分享一本精彩的书，读到精辟之处便抄在笔记本上，甚至互相炫耀。

　　那时，一个男生喜欢一个女生会为她写诗，会送她一本她喜欢却舍不得买的书，一个女生喜欢一个男生会向这个男生借书，借着借书、还书的机会传递情意，而不是像现在这样直白地送玫瑰花、巧克力或苹果手机。

　　那是一个注重精神世界的年代，人们物质贫乏精神却异常富足，那时街上有很多卖书的书摊，也没有城管驱赶，年轻人喜欢读朦胧诗和武侠小说，他们用诗歌慰藉灵魂，用武侠小说放飞梦想……

　　如今，许多人最亲密的伙伴就是手机。有不少人觉得沉下心去读一本书是一件浪费时间的事情。可是他们不知道,读书是让人变得高贵的有效途径。

看过一个名叫《与玛格丽特共度的午后》的电影,这部电影讲述的就是一位爱读书,气质非凡的老太太玛格丽特的故事。玛格丽特 95 岁时,住在养老院里。她无论是着装、言行、举止都是十分优雅得体,头发永远梳得非常整齐,仔细描绘的口红,还有那只每次她一出场都会带的精致酒红色包包。

年轻的时候,玛格丽特除工作以外的时间几乎都用在周游世界和阅读文学作品上,读书对她来说就像是呼吸一样的存在。

有一天,邋遢落魄的中年男人查尔曼在公园里遇到了一边养着鸽子一边在大声读小说章节的玛格丽特。查尔曼被她深深地吸引,不知不觉在玛格丽特的阅读中度过了一个下午。玛格丽特温柔的声音和美妙的文字击穿查尔曼的心房,治愈了这个中年人孤独的心灵,而他从此也学会了思考生活中的点点滴滴。

在老太太的感染下,查尔曼也开始阅读,在读书的过程中,他发现从小伴随着自己的自卑居然有了一点点改变。阅读慢慢地让他找到了灵魂的归宿。

他一如既往地善良着,但因为读书而使生活变得更加充实,他邋遢的形象改变了,逐渐受到周围人的尊重。

不得不说,读书是一种魔力的存在,而且长期坚持读书对人的改变是非常明显的。

许多时候,自己可能以为许多看过的书籍都成了过眼云烟,不复记忆,其实他们仍存在你的气质里、你的谈吐上,当然也可能会显露在生活中的方方面面。

关于阅读在我的记忆中有很多画面。

其一:夜晚,家里人都休息了,我打着手电偷偷地藏在被窝里读从同学手里借来的名著。《红楼梦》《欧也妮·葛朗台》《简·爱》等名著都是那时在被窝里打着手电读完的,那时候最痛苦的事是书没读完手电筒没电了。

其二:初中的时候,有一天放学,我蹲在一个书摊前入神地读一本书,也许是读得时间太长了,摊主忍无可忍,粗暴地一把夺过我手里的书说:"小孩子,又没钱买,看什么看!"我站起来恨恨地看了他一眼落荒而逃,心里想,等我长大有了钱一定把你的书摊一起买下来。

　　其三：母亲让我去厨房烧火，我边读书边烧火，胳膊肘那里的棉花被火苗烧到，新做的棉袄被烧了一个洞，露出了胳膊肘，被母亲狠狠地骂了一顿……

　　现在的孩子是幸福的，有那么多的书可以选择，买书的钱更是不用发愁。

　　读书就像生命里的一束光，能驱散生命中的黑暗，美国作家纳博科夫在大学讲授俄国文学的时候，让学生把窗帘都关上，将灯也都灭掉，教室里漆黑一片，然后他打开了一盏灯，对学生说，在俄国文学的星空中，这是普希金，接着他又打开了另一盏，说这是果戈理，又开了一盏，说这是契诃夫，最后他一把扯开窗帘，让教室里充满了阳光，然后他说，这是托尔斯泰。

　　可见，在他心目中，能带给人们好作品的作家就是生命里的光。

　　我经常给我的学生说，阅读就是在你生命的春天里不断地去播种。不断地阅读，就是让你生命里的种子长成一棵棵大树。一直阅读，你的大树就会越长越葱郁。

　　阅读到底能给孩子带来哪些改变？我想重视阅读的父母都会有自己的答案。

　　我不仅自己读书，还号召身边的人读书，号召每位老师读书，倡导学生和家长共读一本书。因为阅读不仅会让个人变好，还可以让一座城市充满书香气息，让整个民族都有气质。因为只有阅读才能有精神和物质双重的富足。

要做就做最好

我很喜欢井冈山的《步步高》这首歌,是因为歌中有一句歌词——"说到不如做到,要做就做最好。"这是我对自己的要求,也是对学校老师和学生的要求。

学校的工作是平凡、繁杂的,这需要我在工作中时刻保持严谨的态度,所以我对自己要求很严格,很多时候不懂得怎样去放松自己,常常给自己很大的压力,凡事都想做到最好。

从教至今,每当看到孩子们对知识渴求的目光,看到教室里一个个埋头苦学的学生,我都为自己是一名教育工作者而感到骄傲和光荣。同时我也感觉到了自己肩上的担子之重,教育是可以改变一个孩子一生命运的事情,让每个孩子都受到适合的教育是我们教育工作者毕生努力的事情,做最好的教育也是我的职责和使命所在,也是我此生追求的目标。

2008年刚到莘县二中担任校长的时候,学校的情况非常不乐观,处于濒死的边缘,办学困难,生源不足,学校连正常的运转都难以维持,更不用说跻身名校之列了。为了重新盘活学校,让学校重现琅琅读书声,我和同事们从最初的迁校到改革课堂模式一点点从头抓起,到现在,终于把莘县二中打造成了一所享誉周边,甚至在全国范围内都有一定影响力的课改名校和育人明星学校。做最好的教育也成了我和我们二中老师的工作信条。

"百年大计,教育为本",教育承载着传承人类文化和为国家培养人才的重要任务。而在教育中学校是育人的主阵地。"火车全靠车头带,船行全靠掌舵人",作为一校之长,我深知自己肩上所扛的责任,如何发挥我对学校建设的引领作用,做好学生的培养工作?这是我必须要完成的事情。我的言行举止的背后是无数双眼睛的凝视,是无数个家庭的希望。从某种意义上来讲,学校能够得到怎样的发展,形成怎样的风气也取决于我在工作上的态度和言行。

北京大学至今依然屹立在我国乃至世界高等学府之林，与它一直以来遵守的包容思想不无关系。在我看来没有没复制的顶尖，故步自封很难走得很远。蔡元培在北大担任校长时就曾提出"思想包容""兼容并包"和"五育并举"的教育思想。因为他先进的教育理念和教育思想，促使北大走上了现代大学之路。

校长的教育思想将影响着学校的发展方向，我也深刻地感觉到，作为校长，自己的言行举止都会被格外地关注，当然了，正是因为有了这样的关注才能让我更好地完成自己的工作。"领好路，带好头"，是我作为一校之长的责任和义务。校长是学校的一面镜子，可以折射出学校工作者的整体风貌。

我认为校长也是一所学校的标杆，能指引一个学校朝着正确的方向发展。学校的发展与校长有着最直接的关系。

著名教育家经亨颐创办浙江上虞白马湖畔的春晖中学，凭借他先进的教育思想和他的人品、学识，吸引着许多名人、大家来做老师。仅仅从1921年到1925年的四年时间，先后聘请了夏丏尊、朱自清、丰子恺、朱光潜、匡互生、王任叔、杨贤江、刘董宇等人来做老师。甚至还有蔡元培、李叔同、何香凝、黄炎培、柳亚子、张闻天等人亲临授课。也正是因为校长经亨颐与这些名师之间思想上的碰撞与交流，让春晖学校至今享有盛名。

如果春晖学校的校长不是一心为教育的经亨颐，哪里能吸引来那么多的名人教师？校长的人格魅力也是学校发展的必要保障。想要办好学校，校长要不断地自我提升，为学校带好路，才能吸引更多的优秀教师，培养更多的优秀学生。

这些年来，我也在不断地进行学习和总结，以求更好地办好学校，做好教育。思洋中学的蔡林森校长是最让我佩服的，"没有教不好的学生""让每一位家长满意"是蔡林森一直坚持的教育理念，而且他"没有教不好的学生"的教育理念也是从他教育子女的经历中感悟出来的。

蔡林森的两个儿子和一个女儿小学时都是在老家上学，大儿子一年级还不识数，二儿子四年级曾改成绩单，小女儿成绩更不理想，小学毕业时成绩是全校倒数第一名，是全镇26名未被录取的学生之一。面对小学老师的摇头叹息，蔡林森将三个孩子先后接入洋思中学并且当起了他们的辅导老师。每天中午，他叫孩子口述上午学过的例题，口答习题，如果哪一道错了，就在那道题的旁边打一个"？"。但不告诉她答案，让孩子自己看书、思考、更正。孩子拼命地动脑筋，满头是汗，不停地自问："怎么错了，怎么错了？"蔡林森只是默默地看着孩子，耐心地等待孩子自己去发现问题。他还利用散步、洗脚和临睡前的时间再问一些类似的题目，看孩子是否真正理解掌握了。每天晚上，他还让孩子默写英语单词，错了的自己更正，并记下来，再反复默写、检查。星期六回家，蔡林森骑着自行车带着孩子，一边赶路，一边把本周学习中做错的题目再检查一遍，如果错了，就再更正。这样，二十几里乡间小路，成了孩子总结一周学习的"课堂"。慢慢的，三个孩子养成了自学的好习惯，越来越爱学习，成绩也越来越好。最终，三个孩子都学有所成并收获了理想的工作。

只要找到合适的方式和方法，每个孩子都能成为学习路上的成功者，让每个孩子接受到最适合的教育也是我一直以来践行的办学理念。

让我印象深刻的是 2012 年县里举办首届"全民健身运动会"时，我校为运动会而组织的 400 人的大型团体表演活动。刚刚迁校不久，我们面临着学生不足，场地条件不够的双重困难，但就是在这样艰苦的条件下，我们二中的学子不放弃，硬是磨出了一出名为"和谐盛世·灿烂青春"的历时十分钟，额分三个部分的文艺团体操。尽管在所有的学校里边，我们学校的学生是体型最参差不齐的，服装是最简陋的，物质投入是最少的，但我们却是整个体育节团体表演中最棒的。

经历了这次事情之后，我对学生有了新的认识，给予他们信任，给予他们适合的教育，他们就一定能够为我们创造一个又一个的奇迹。在随后的学校教育工作中，我也不断地调整和重建自己的教育理念，为孩子们的成长带来一次又一次新的尝试和改变。

高中课程紧张，学生学习时间紧迫，教师一味地讲解有时候会造成"好学生吃不饱""后进生吃不了"的现象产生。如何让学生在课堂上更加的主动，将他们的主观能动性发挥到极致，培养他们自主学习的能力也是我一直以来思考的问题，为此我也多次向教育先进者"取经"。一次偶然的机会，我看到翻转课堂的报道，于是便回去搜资料查阅，经过一番思考研究之后，我认定了翻转课堂是培养学生自主学习能力的好模式，我和各位老师商讨后决定，将翻转课堂引入到我校的日常教学之中，打破传统的教师说教的课堂模式，让学生更好地掌握自己学习的节奏。一开始，学生和老师接受度并不高，破旧立新的过程走得很艰难，但经历了一段时间的实践，我校的教育质量在新的课堂模式下有了显著的提升，看着孩子们一天天变好，所有的辛苦都是值得的。

受疫情的影响，学生停课在家，学生的学习问题也成了令大多数家长头疼的问题。但好在我校学生经历了翻转课堂教学模式的锤炼，多数已经养成了良好的自主学习习惯，基本上能保障日常学习任务的完成。但是考虑到高中阶段对孩子人生的重要性，我校组织了停课不停学的线上教学，以期为孩子们带来更多学习上的便利。

我不止一次地说过，培养学生好的品行远比培养孩子好的学习成绩重要，只有孩子拥有好的品行，他的人生之路才能走上正确的方向。因此，我校还特别地将学生的品德教育列入学校教育的重点之列，教会他们感恩，引领他们成长。

我也深刻地认识到，只有百花竞放的艳丽，没有一枝独秀的精彩，优秀的团队远比优秀的个人对学校的发展更有效。

作为一校之长，要让教师们时刻感受到学校有家的温暖，找到归属感是他们尽心工作的保障。在学校工作中，一线教师是最苦最累的，我告诉自己要时常到教师们中间去，与他们站在一起，给他们心灵和精神上的支撑和慰藉。

时至今日，经过我校全体教育工作者的努力，我校取得一定的成绩。但我明白，办学这条道路任重而道远，要跟上瞬息万变的时代发展，我们依然有很长的道路要走。

让每一个孩子成功

有一天,一位学生家长来学校找我,希望学校严格要求他的孩子,他希望孩子将来成为一个成功的人。我问他:"你觉得什么是成功呢?"他说:"成功就是孩子在班里成绩要前几名,将来能够考上好的大学,走向社会以后有体面的工作,有房、有车、有权、有钱。"

我跟他说,每个孩子的智力水平、努力程度不同,学校不能保证你的孩子成绩考到前几名,但我们会尽最大努力,把你的孩子培养成有"人性"的人。

这位家长非常疑惑地看着我,于是,我给他讲了这样一个故事。

一位纳粹集中营的幸存者当上了美国一所中学的校长,每当一位新教师来到学校,他就会交给这位教师一封信,信中写道:"亲爱的老师,我亲眼看到人类不应该见到的情景:毒气室由学有专长的工程师建造;儿童被学识渊博的医生毒死;幼儿被训练有素的护士杀害。看到这一切,我怀疑,教育究竟是为了什么?我的请求是,请你帮助学生成长为有人性的人。只有使我们的孩子成长为有人性的人,读写算的能力才有价值。"

这个故事曾经是高考试题,引发了所有教育者对教育的深度思考。

就像这位家长一样,大多数家长对孩子的成功界定在一个狭小的范围之内,有人认为孩子成绩好或者是孩子能考上北大、清华等名校就是成功了,可是,很少有人把一个孩子的品德好算作成功。

一些高才生犯罪的案例中,这些孩子基本上都是成绩非常好,但都有些性格缺陷,受挫和抗压能力极差,有的还有心理问题。他们之所以犯罪,很大程度上是以"唯成绩论"为中心的家长及社会评价体系造成的,因为他们的学习成绩轻易地掩盖了他们性格、人品上的问题。

这些高才生的家长、老师只希望他们成"龙",但对"龙"的定义多是进名校、找到好工作、当人生赢家,而非以人品高尚、人格健全、心理健康为评价的主要立足点。

本质上，所有悲剧的发生首先是性格悲剧，而性格悲剧又是教育的悲剧。

纵观中华五千年来的传统文化，做人的成功一直备受重视。《左传》载有："太上有立德，其次有立功，其次有立言，虽久不废，此之谓不朽。"这句话的意思是，人生最高的境界是立德有德，实现道德理想；其次是事业追求，建功立业；再次是有知识、有思想，著书立说。这三者是人生不朽的表现。

《大学》中也写道："德者，本也。"强调道德是做人之本。从古至今有大成者，都是品德高尚的人。

大思想家、教育家孔子，创立了以仁为核心的道德学说，强调道德的主体性意识和实践意识；他认为缺乏良好道德的人一定不会有所建树，他把修身放在首位，"修身"是做人的根本，孔子为人处世光明磊落，一生坦坦荡荡，他正直、乐观、积极进取，一生都在追求真、善、美，他的思想几千年来一直影响着中国人。

"让每一个学生成功"是莘县二中的办学宗旨，并不是指让每一个学生都能考上北大、清华，都能考出好的分数，这里首先指的是做人的成功，就是让每一个学生能够成为一个"完人"，所谓的"完人"指的是德行完美、人格健全的人。

"让每一个学生成功"就是让每一个学生在拥有良好品德、健全人格的基础上最大程度发挥自身的优势和特点，成为最好的自己。

站在人生长远的角度去看，孩子考第一名和最后一名也许并不能决定什么。现在的分数是好是坏，进北大还是普通大学，也许并没有本质区别，真正把孩子距离拉大的，是他的人品、性格。

对中国经济做出了巨大贡献的人是成功；一个普通人，他可能只是一个清洁工，如果有好的品德，把地扫得干干净净，用自己的劳动换取相应的报酬，活得充实快乐，也是成功。

每个孩子都是独一无二的，都有自己的特点，只要做人合格了，做好自己力所能及的事情，发挥自己的特长，为社会和家庭做出应有的贡献，有尊严地活着，他就是一个成功的人。

社会需要我们培养什么样的人才？福特公司总裁福特先生的用人之道

告诉了我们答案。

1923 年,美国福特公司有一台马达坏了,公司所有的工程技术人员都未能修好。正在焦急万分的时候,有人推荐了一位叫思坦因曼思的人,福特公司就派人请他来到公司。

他来之后,什么也没做,只是要了一张席子铺在电机旁,聚精会神地听了三天,然后又要了梯子,爬上爬下忙了多时,最后他在电机的一个部位用粉笔画了一道线,写上“这儿的线圈多绕了 16 圈”几个字。福特公司的技术人员按照思坦因曼思的建议,拆开电机,去掉了多绕的 16 圈线,电机正常运转了。

福特公司总裁福特先生得知后,对这位德国技术人员十分欣赏,先付给了他一万美元的酬金,然后又亲自邀请思坦因曼思加盟福特公司,但思坦因曼思却向福特先生说,他不能离开自己的小工厂,因为他是一位德国的工程技术人员,因为失业和国内经济不景气,幸运地来到美国这家小工厂,得到了老板的器重,聘用他担任生产机器马达的技术人员,老板在他最困难的时候帮助了他,他不能忘恩负义。

福特先生感到十分遗憾,继而又感慨不已。不久,福特先生做出一个决定,收购思坦因曼思所在的那家小工厂,董事会的成员都觉得不可思议:“这样一家小工厂怎么会进入福特先生的视野?”

福特先生说:“人品难得,因为那里有思坦因曼思。”

思坦因曼思成为好人品的标志,通过这个故事我们可以看到“成人”比“成才”更重要,好的人品无疑对一个人的命运具有重大的作用。

我希望每一个从二中走出去的学生都成为“思坦因曼思”,首先以人品好得到赞赏,其他的都在其次。

2020 年的“新冠肺炎疫情”让我有很多感慨,教职员工在积极落实新冠肺炎疫情防控工作的同时,却面临着抗疫物资短缺的问题,二中毕业生了解到母校疫情防控工作中面临的难题后,纷纷向母校伸出援助之手。

还有很多从二中毕业的学生给母校捐款、捐物,有的同学利用假期回到母校来做义工,为学校开学做好充分准备,希望学弟、学妹们早日回到校园里学习。

这些学生也许当时并不是成绩最好的,但是他们比那些考上清华、北大或者成为高官的学生更让我自豪,因为他们用实际行动表达了对母校的感恩之情,他们愿意在母校需要的时候,伸出手帮助母校渡过难关,这让我和学校的老师们都很感动,也很欣慰。

我认为,成绩好固然重要,拥有善良的心、懂得感恩、乐于奉献比成绩好重要百倍,我希望家长和老师千万不要把孩子分数高当作成功的标准,更不能当作唯一的标准。

每年都有很多的孩子因为成绩差在校园成为痛苦的"差生",被视为"没有希望"的孩子,被贴上"失败者"的标签,并因此被否定了人生。

作为老师和家长,我们不应该因为单一的成绩就否定孩子,因为孩子也会在老师和家长的评价中否定自己。

这个道理很简单,因为一个人只有在对自己有较高评价并认为自己一定会成功时,他才有可能真正成功,人不可能给别人他自己都没有的东西。

如果一个人觉得自己的生命没有有价值,那么,他又怎么可能给社会创造价值,并最终得到社会的承认呢?

成功其实包含两方面的含义。第一种是社会承认其个人价值,并获得一定的财产、地位、尊重等。第二种是自己认可自己的价值,从而充满自信、充实感和幸福感。但是人们往往忽略了成功的后一种含义,认为只有在社会承认、受他人尊敬时,才算拥有了成功的人生。

我始终认为,应该让学生成为积极向善、懂得感恩的人,自信、阳光、拥有幸福感,这样才会对社会、对祖国、对生活充满了热爱和感恩。

第三章 家庭教育的新观点

什么是最好的家庭教育?

经常听到家长说,"我要尽可能给孩子最好的教育",很多父母都希望把孩子送去最好的学校,不惜巨资购买学区房,给孩子报各种补习班,为孩子买昂贵的钢琴。

因为想要给孩子提供最好的教育,各地的"学区房"火了;因为想要给孩子提供最好的教育,"天价"辅导班火了。"好的教育"仿佛已经与排名靠前的学校、价格昂贵的课外辅导班画上了等号,到底什么是最好的教育呢?其实,越来越多的家长陷入迷惘。

在我看来,最好的教育不是学区房、不是补习班,更不是有多种特长,不是盲目地跟风,不是借鉴成功者的经验,而是懂得因材施教。最好的教育应该是适合学生、适合社会、促进学生全面发展的教育。

很多父母会有这样的困扰:自己看了那么多育儿书籍,听了那么多家庭教育的课,请教了那么多教育专家,却依旧培养不出一个优秀的孩子。

孩子,是父母需要花费一生去成就的作品,也是最不受控制,最不能用自己的想法去定义的作品。有些父母照着书培养孩子,然后很奇怪地发现自己照着书做了,可是孩子不照着书做。就好比演戏,你自己制定好了剧本,也演完了自己该演的部分,但是孩子却不会按照你剧本上的剧情和台词来演,这场戏自然就演不下去了。

世界上有很多成功的事例和方法,但是这些方法和经验却不能完全使用在自己教育孩子的过程中,因为你的孩子和别人的孩子不一样,他有他自己的想法,有自己不同的思想和性格。每个孩子都有自己的特性,身为父母,最关键的是要根据孩子的不同特性,发掘他的独特的闪光点,找到最恰当的定位,为他挑选最适合的教育方法。

"如果迈克尔·杰克逊的爸爸硬逼他成为拳击手,拳王阿里的爸爸非要他去唱歌,想想后果多可怕。"这是电影《三傻大闹宝莱坞》中的一段台词,这个电影告诉我们,在孩子们成长过程中,选择他们最感兴趣的事情是对孩子的今后尤为重要的。如果想要孩子收获幸福的人生,父母必须学会有针对性地发掘出不同孩子的天性。

世界上没有完全相同的树叶,也没有完全相同的人。所以,对孩子而言,世界上不存在最好的教育,只存在最适合的教育。早在2000多年前,孔子老先生就提出了"因材施教"的教育理念。

每个孩子的情感都是个性化的,每个孩子的喜好都是个性化的,每个孩子的习惯都是个性化的。尊重孩子的意见,培养并发展孩子的兴趣,才能真正帮助孩子构建他们未来的蓝图。

每个孩子都有自己的特点,但是在成长路上,都要经过这三个阶段:强烈依赖阶段、能力形成阶段、自我意识阶段。根据孩子这三个阶段的特点和需求,父母也要相应地调整自己的教育方式。

第一阶段:0—6岁

最好的教育是用心陪伴。在孩子的成长过程中,爸爸妈妈都起着不可或缺的作用,妈妈的陪伴能给孩子安全感,照顾孩子的生活,培养孩子的细腻和善良。

爸爸的陪伴更多地给了孩子独立、坚强,解决问题的主动性,面对挫折的乐观性,爸爸和妈妈缺一不可。

教育的过程是深度的陪伴和引导,父母是孩子最好的"玩伴儿",可以陪他读书,也可以陪他撒欢,还可以陪他看似漫无目的地行走,也或者陪他研究喜欢的玩具。

哪怕什么都不做,就那么安静地坐在他的身边,看着他,陪着他,聆听他,欣赏他,也好!

然而,现实中越来越多的父母忽略了这一点,虽然很多父母一直以为自己已经花了很多时间陪着孩子了,但殊不知"陪着和陪伴根本是两回事"。

只有用心的陪伴才能得到爱的滋养。父母陪孩子共同度过的每个瞬间里都藏着他的未来。

第二阶段:6—12岁

最好的教育是学会成就孩子。这个阶段是父母培养孩子能力和素质的重要时期。父母对教育的态度决定了孩子未来的高度,家长的认知高度直接决定了孩子的认知,也几乎决定了他人生的下半场。

家长应从生活中的每一个小细节去养成孩子的好习惯,用包容的态度允许孩子试错,让孩子从错误中成长,在叛逆期来临之前给孩子种下规矩的种子。

最重要的是,培养孩子的独立性,每一位有远见的父母都应该明白,独立才是伴随孩子一生的技艺。

第三阶段:12—18岁

最好的教育是尊重孩子。这个阶段是孩子自我意识觉醒的阶段,也是孩子开始推翻父母权威,渴望挣脱一切束缚的阶段。这个阶段的孩子,有强烈的领地意识,迫切地希望能和父母保持距离,以此证明自己已经长大。父母的管教和过多的建议反而会引起孩子的逆反心理,引发亲子矛盾。

这个时候的孩子需要的是像一个成年人一样被尊重,被当成"一个成年人"看,而不是"小孩子"。

好的家庭教育,既能在孩子小时候给他无微不至的爱和安全感,在成长过程耐心培养孩子,又能在孩子逐渐长大的过程中及时撒手,让孩子自己走。

孩子在成长,父母也要成长,不合时宜的教育方式只会成为孩子的束缚,顺应孩子成长的教育,才是最好的教育。

父母能给孩子最好的教育,往往不是用金钱和物质堆砌起来的,而是来自父母自身,来自父母给予孩子的家庭教育。

卢梭在其名著《爱弥儿》中道:"最好的教育就是无所作为的教育。孩子看不到教育的发生,却实实在在地影响人的心灵,帮助人发挥了潜能,这才是天底下最好的教育。"

父母的格局决定着孩子的起点。电影《银河补习班》中,邓超饰演的父亲在儿子很小的时候就遭遇了工作和生活的双重打击,而且,还因为背了黑锅入狱了。但是出来之后,面对生活的困顿,他没有屈服和低头,而是通过自己的努力改善了生活。

他在教育孩子时说,人生就像拉弓射箭,一定要有一个目标,如果你连靶子在哪里都不知道,每天拉弓就没有任何意义。电影中的这位父亲给孩子树立了一个好的榜样。在困境中,他没有妥协,而是带着孩子一起寻找目标。

一个父亲对孩子的影响不仅仅在生活上,言谈举止和为人处世中也会深深影响着孩子。

网上曾经有一个故事,一个农民,虽然自己不太有文化,但是却把自己的一双儿女都培养成才。女儿考上了清华,儿子考上了北大。媒体采访的时候,问他教育孩子的秘诀。

他说自己没有什么文化,不知道该怎么教孩子读书。就是让孩子每天回来之后,把当天学的知识讲给自己听,讲不懂的就让他们第二天回学校问老师。这件事情,他们一家坚持了很多年。这位父亲虽然没有太多文化,但他是一个好学的人。他愿意跟着孩子一起学习,一起成长。正是因为这位父亲的好学,两个孩子才会深受鼓舞,一直都努力学习课堂知识。也正是他让孩子给他讲课的做法,无形中让两个孩子在学习上取得了很好的成绩。最终两个孩子分别考进了全国顶尖的大学。

对孩子来说,父母是做什么的不重要,重要的是父母是什么样的人。孩子耳濡目染也会成为什么样的人。

自从孩子来到世界上,最亲密的人就是父母,父母活出真正的自我,过好自己的一生,孩子在旁边看着父母的人生,也就知道了自己的人生该如何过。想让孩子获得幸福,父母就要努力活出幸福的模样。想让孩子取得成就,父母就要陪着孩子一起成长。

最好的教育往往来自父母,比起用金钱和物质带来的教育资源,父母自身给予孩子的教育更能影响孩子的一生。

原生家庭对人一生的影响

一个人的童年经历,特别是原生家庭,对个人的性格、行为、心理起着决定性作用,会产生深远影响,甚至影响孩子的一生的幸福。

美国著名"家庭治疗大师"萨提亚认为,一个人和他的原生家庭有着千丝万缕的联系。什么是原生家庭呢?人的一生中有两个家。一个是我们从小长大的家,有爸爸、妈妈,也许还有兄弟姐妹。另一个是我们长大以后,自己组成的家庭,我们把第一个家叫作原生家庭。

说起原生家庭,许多人都会想起小时候父母的行为,那些行为时至今日仍然在影响着我们,有些是正面的影响,也有些是负面的影响,而负面的影响直接造成了我们的性格缺陷。

最近,在电视上看到一则新闻:台州一名13岁的男孩走丢了。男孩走丢了4天,家人心急如焚,发布了寻人启事。警方介入后,孩子终于被找到了。失踪的那几天,他睡在厕所,饿了就喝点自来水充饥。他走丢的原因竟然是公交卡丢失,怕被爸爸打。被带回警局后,民警温柔地问是否愿意见见爸爸时,孩子吓得连连拒绝,不敢……

只是一张公交卡,为什么孩子宁愿在外流浪,也不敢回家?原因就是父母经常打他,从而使他对家充满了恐惧,宁肯流浪也不愿意回家。

后来,孩子的父亲见到他说了一句话:"你对得起我吗?你每次犯错我才会打你,我平时会打你吗?"孩子低着头,死死抠着自己的手,一言不发。

这一幕,看得让人很心酸,当孩子犯错的时候,不是耐心沟通,而是粗鲁地一顿暴打,最终结果就是给孩子内心留下恐惧和创伤,即便他以后长大成人,也无法摆脱小时候的这种阴影,多多少少形成性格上的缺陷。

在亲子关系中,对孩子伤害最大的父母就是对孩子采取暴力惩罚、言语虐待等方式,来伤害孩子的身体与心灵,它会深深地印在孩子的脑海中,成为孩子一生的噩梦。

童年被父母伤害的孩子，长大以后很容易产生心理问题。许多孩子在成年之后仍然活在虐待的阴影之下。这些阴影严重阻碍了孩子未来走入社会，建立新的家庭，他们很难真正信任他人，因为他们知道，至亲的父母也曾经深深地伤害过他们，外人就更难以信任了。

那些童年被打的孩子，会觉得自己确实是一个坏孩子，自己的生命没有意义，进而他们会觉得，自己不值得被爱。因此他们在成年后，面对亲密关系，他们会选择逃避或过度索取；面对生活，他们会感到无力和恐惧。因为那些阴影始终笼罩在他们的心灵上，那些被伤害的场景时时在脑海中回放，他们感到自卑、自我厌恶、自暴自弃。随着时间的流逝，那些在肉体上消失的伤痕，会永远留存在心里。

那些童年遭受过言语虐待的孩子，潜意识里也会认为，父母说的就是事实。这不仅严重损害了孩子作为一个有价值的、有能力的人的自我认知，还会严重影响他成年后的生存方式。

在孩子幼小的心灵里，父母就是世界的中心，父母的言语是最重要、最具有权威性的——如果父母说他"笨"，他就认为自己笨；如果父母说他是坏孩子，他就认为自己是坏孩子；侮辱性的言语、贬损的评价以及轻蔑的指责，会向孩子传递非常糟糕的自我评价信息。

例如，一些母亲会经常批评女儿的身材和长相，并且用一些"丑""笨"等字眼儿，却并没有考虑这种长期的言语伤害会影响孩子的自我认知。孩子会认为，自己确实不好看，因而形成自卑心理；而一些父亲会在儿子每次犯错时，批评他不够成熟，导致孩子胆小怕事，自信心大降。

事实上，孩子应该拥有犯错误和改正错误的权利，但是在言语虐待的父母眼中，似乎犯错误就是不应该的，似乎孩子就应该和大人一样。对孩子抱有期待是正常的，但是应该转化为教养和培育，而不是言语攻击。

生活中有很多人，他们有着光鲜的外表，但内心却千疮百孔，因为童年阴影造成生活坎坷，很难感受到幸福。

童年经历过的一些非常强烈、痛苦的感受，往往使当事人在不知不觉中做了影响一生的重大决定。

比如一个非常漂亮、品学兼优的女孩子，找对象的时候总是找条件比自己差很多的男孩子，相处一段时间，又很难勉强自己而分手。原来，在她童年的时候父母离异，母亲为了养家不得不做几份工作。她经常一个人在家，看到漆黑的房间，家里什么吃的也没有。这种孤独和恐惧，让她感觉自己被母亲抛弃了，从此她特别害怕一个人，害怕被抛弃。所以她找对象的时候不敢找和自己一样优秀的男孩子，她认为找比自己差的才能不被抛弃。

生命中，我们常常不由自主地与某些特定的人发生或爱或恨的关系，潜意识中借着与他们或快乐或痛苦的深度情绪互动过程去疗愈所受的心理创伤，满足童年未被满足的一些心理需求。

正如奥地利心理学家阿德勒所说：幸福的童年可以疗愈一生，不幸的童年要用一生来疗愈。也许你会问，如果童年有了创伤，就无法拥有美好的人生了吗？答案当然是否定的。编剧王三毛说，原生家庭欠你的，你得靠自己找回来——找不回来就是一场灾难，找回来就"都挺好"。我们要做的就是反思、觉察、疗愈自己。

了解自身感受和行为的过程，也是一次探索自我的过程。明白什么是错的，什么是对的，我们才能将错误的东西抛弃，拥抱真正的美好。好的原生家庭是建立在打破旧的家庭模式的基础之上的。

有些人在经历过痛苦的原生家庭之后，深受影响的同时还会模仿父母的观念和习惯，这种模仿会危害到下一代的成长。

作为父母我们需要知道的是：你现在的家庭就是你子女的原生家庭，过去的伤害永远无法弥补，我们无法改变父母，但我们至少可以改变自己，让自己不要变成自己讨厌的那种样子，也不要把伤害再加之于孩子。

原生家庭是人生的来处；而靠自己才能走出人生的归途。将原生家庭的悲剧终结在自己的身上，才是对孩子最大的负责。这就意味着我们要终止旧有的家庭模式并且打破这一循环，成为更好的父母，改变孩子的命运，为孩子打造一个好的原生家庭，那么，什么样的原生家庭对孩子的成长最好呢？

一个爸爸对孩子最好的爱，就是好好疼爱孩子的妈妈；一个妈妈对孩子最好的爱，就是欣赏并推崇孩子的爸爸。爸爸、妈妈对孩子是平等、尊重和接纳，家庭的氛围充满温暖和关爱，这样的家庭才是好的原生家庭。

根据心理学家马斯洛研究,当人的生理需求得到满足,也就是吃饱穿暖之后,心里最大的渴望就是爱与归属感,好的原生家庭可以满足孩子的爱与归属感。

孩子心里最大的渴望就是与父母联接的归属感,那我们该怎么办呢?那就提供更多正面的信息来满足孩子联接父母的需求。因此请记住,千万不要因为另一半的行为否定他们是孩子父母的身份,因为事实不会因为隐瞒而改变,否认或隐瞒只会令孩子在无意识里被否认。

今天我们审视自己原生家庭的目的,不是为了批判,而是为了超越。为了早日摆脱原生家庭对自己的影响,不断修复和完善自己,与孩子共同成长,为孩子打造一个幸福的原生家庭。

焦虑的父母，可怜的孩子

最近一次朋友聚会，朋友说"我一个人的工资，都快养不起一个孩子了。"

原来，他给今年下半年即将进入小学六年级的女儿报了一大堆补习班、特长班，用了她近半年的工资。

我问朋友："给排得这么满，孩子忙得过来吗？"

"还好吧。我看周围的孩子，个个都排得超级满的。"

朋友说："小孩子嘛，业余时间如果不给她安排好，她就会看电视、玩游戏，还不如去培训班学点东西。"

"给孩子报这么多班，有必要吗？"

朋友无奈地说："现在没有家长不给孩子报补习班的吧。别人家的孩子都在上补习班，我孩子不上的话，差距就会越来越大。而且感觉周围的学霸太多了，一比就觉得我家孩子和他们的差距很大。所以必须要报补习班。"

听到朋友这么说，我不知道该说点什么才好，眼前浮现了她女儿的样子：一个文静的小姑娘，戴着一副厚厚的眼镜。每天忙不迭地辗转于各个补习班。

小姑娘我见过几次，给我的印象是特别乖顺，脸上没有表情，完全没有小孩子应有的活泼。

最近看了一个报道：中国已经成为全世界教育花费最贵的地区。而且有超过三分之一的家长已经把全部时间都花费在孩子身上。可见中国父母对教育的重视。

虽然如此，但中国父母依然担心自己做得不够。

他们担心孩子长得没有别人家孩子高，成绩没有别人家孩子好，才艺没有别人家孩子多……

在网上看到一则消息：凌晨2点，一位妈妈发朋友圈崩溃痛哭。

她写道："我盼孩子成才,他却想要我死。"原来,生下孩子两年,她忍着分离之痛,把孩子交给孩子奶奶抚养,她随丈夫到异乡打拼。每天起早摸黑,吃了很多苦,受了很多罪,甚至在刚动完手术的第三天就奔波送货。儿子想要钢琴,她节衣缩食攒了几个月生活费去买;儿子想上国际学校,面对昂贵的学费,他们咬牙硬挺。

可随着生活越来越好,孩子的问题却越来越多:不仅学习一落千丈,性格也变得倔强、叛逆,一言不合就离家出走。无奈之下,她把孩子接到身边严厉管教,可无论怎么努力,也拉不回那个失控的孩子。

14岁,本该最美好的年纪,她的儿子却游戏成瘾、逃学、抽烟、打架斗殴……

一天晚上,在又一次争吵无果后,她打了儿子一巴掌,儿子红着眼睛大吼:"我恨你,你为什么不去死!"这句话,彻底把她打入绝望的深渊。父母为孩子掏心挖肺,到头来,成了孩子最大的敌人;孩子被父母视如珍宝,可最后成了最伤人的"白眼狼"。这到底是谁的错?

其实,孩子的每一种心理或行为问题都和父母的行为有关,和父母的教育方式有关。病在孩子心上,根在父母身上。

"焦虑"是近几年陡然火起来的一个词。好像不焦虑都不配做家长了,不管你是否承认,当下几乎所有家长都陷入焦虑之中,其实这在本质上是一种"剧场效应"。

经济学中的剧场效应是指在一个剧场中,大家都坐着看话剧,此时有一个人站起来看,那么他能看得更清楚,其他人也为了看得更清楚而站起来,越来越多的人站起来,最后大家都站起来了,最后大家都很累,观影效果也不好了。

很多家长都是身不由己地卷入了焦虑之中,有人称之为"中国家长式焦虑"。因为大家都很不确定:不推着、拉着、压着,耽误了孩子的未来怎么办?

教育是全社会每个家庭都不得不参与的社会体验。比如,孩子一回家,怎么和他打招呼,怎么跟他对话,该说什么话,这些都很细碎,但都是孩子的体验。

对这样一个复杂体验,许多家长给出的教育方式往往是简单粗暴的。今天的课程是要认识 20 个字,明天再认识 20 个字。孩子是否高兴,家长根本不管,因为没有这方面的概念。

这是一个核心矛盾——家长面对孩子非常复杂的心理需求给出了一个简单粗暴的解决方案,教育里很多不幸福感、焦虑感都是这种错位造成的。

很多父母把自己的梦想和对人生的所有希望都寄托在孩子身上。花费大笔费用给孩子报各种各样的补习班。不惜代价送孩子上好学校,希望孩子不要输在起跑线上。强迫孩子去按照父母的意愿做某件事时,还不忘对孩子苦口婆心地说上一句:"我是为了你好!"

中国父母最可怕的地方,就是把自己成长中的焦虑转移给了孩子。他们小时候没考上好大学,想让孩子帮他们圆梦;他们小时候成绩不如别人,想让孩子一定要争口气,超过别人家的孩子;正是这种焦虑,让无数家长和孩子都处于连轴转的水深火热之中。

"不要让中国式焦虑,废掉了你的孩子。"歌手陈美玲在视频中提到的关于教育的观点,让很多父母瞠目结舌。比如不要制定每天的时间表,不要给孩子报课外班,不要替孩子做选择……

这种教育理念和大多数中国父母完全背道而驰。我们唯恐孩子输在起跑线上,所以花费巨资给孩子报各种培训班,拼尽全力把孩子送进最好的学校。这足以体现中国父母对孩子教育的重视。同时,这背后也暴露出了一个残酷的真相:中国式父母的焦虑。很多人不知道的是,这种焦虑很有可能会毁掉我们的孩子。

在当前的教育大环境下,父母要做到不焦虑,似乎真的很难。学校和老师被"成绩指标"压迫着,家长被老师压迫着,孩子被家长压迫着,一环套一环。最终孩子在长期的学习压力下不堪重负,出现厌学、抑郁的情况。

功利的教育,焦虑的家长,受伤的孩子,最终三败俱伤。但伤的最重的是孩子,也只会是孩子。孩子有选择吗?没有!

每一个孩子都有权利拥有欢乐自由的童年,让他们尽情享受人生中最美好的这一段时光,让他们在游戏中学会认真做事,学会坚持到底,学会忍让谦逊,学会帮助他人,学会欣赏,学会感恩,学会合作,学会分享,学会爱……这些,在他们的人生中是多么的重要。可是,他们在最应该无忧无虑的年龄却背负着各种压力，失去了童年的快乐。

都说"可怜天下父母心"，可是我想说"可怜中国的孩子们"！

美国哈佛大学的一项调查，抽样 1 万人进行样本统计，经过分析最后得到这样一了结论：一个人的成功与其童年的经历有直接关系，很多成功人士的童年都具备下面六个特征。

1. 童年家庭都比较温馨、和谐。

一个人在童年的经历是人生的最初记忆，在温馨的家庭环境中度过童年，往往以后都会用正面的思维来看人生、看社会，在这种正向性格中成长的人比较容易在社会上成功。

2. 表现出一定的人格独立性。

具有独立人格的人，更容易掌握自己的人生，在处理各种关系上可以从容自如地应对各种人生挑战。所以独立性格是一个人能够走向成功必备的条件。

3. 懂得正向思考。

思考是复杂的人类活动，也是一种心力，作为一个成功者，他的成功与否虽然带有一定的机会与偶然性，但是与其具有正向成思考的能力有着密不可分的关系。

4. 喜欢与周围的人打交道。

人是社会生物，离开了社会，再有本事也没有用，人只有投身于社会，喜欢与人打交道，才能有得到更多人的认同，他的特长也可以顺利地发挥出来。

5. 喜欢主动帮助他人。

主动帮助他人是一种很好的品质，养成并具有这种性格会给人生带来许多意想不到的好处。许多成功人士都具备主动人生，而不是被动人生，具备主动人生的人喜欢去帮助他人。

6. 做事有责任心。

能够尽到责任心，很多人才会愿意与你打交道，也是被社会所认同的一个重要尺度。

所以，从以上六个方面来看，孩子将来成功不成功与上各种补习班和特长班似乎关系并不是很大。自信、健康、快乐、有责任感的孩子同样是成功的。当把孩子培养出良好的品质和良好的学习习惯，学习成绩根本不是问题，但是大多数家长都弄反了。

有一些父母用自己的经历证明：在满是压力和焦虑时代,只要你用对方法,完全可以轻松愉快地培养出一个优秀的孩子。

有一位家长,她的儿子夏鹏（化名）之前在学校闯的祸估计会让大多数妈妈暴跳如雷,和老师吵架,一言不合拿起书包就要走。都高二了,还去网吧玩。但是,去年高考,夏鹏考出了553的好成绩。在学校,夏鹏的高考成绩不是最好的那一个,但绝对是逆袭的那一个。

我问家长："夏鹏为什么能逆袭呢？"他的妈妈竟然说："我从来没管过孩子的学习,孩子高考发挥得好,最重要的是良好的心态和稳定的情绪"。

她总结自己的教育方法说：一切以亲子关系为主,学习要培养他自我负责的能力,把孩子的事还给孩子,包括学习,另外自己保持稳定的情绪。

所有的家长都希望孩子有独立学习,乃至以后独立生活的能力,父母之爱子,则为之计深远,目光长远、不焦虑的父母才是孩子成长中最珍贵的礼物。养育孩子的过程中,我们真的需要更长远的眼光,不纠结于小事,明确培养孩子的目标,以及达成这个目标所需要的能力,把精力放在孩子能力的培养上,而培养能力的过程中,我们需要良好的亲子关系,做孩子的"托底人"。

如何防止青少年沉迷网络？

一位知乎博主发帖讲述自己的经历：他小学的时候成绩很好，基本都排在年级前十名。结果上了初中之后，他开始沉迷于一款网游，并且一发不可收拾，逃课去网吧也是家常便饭，成绩就此一落千丈。他的父母则因为长年在外面做生意，很少管他。等到高二下学期，老师因为他成绩差频繁给他父母打电话，他们才意识到问题的严重性。该骂的也骂了，该补的课也补了，可是落下了那么多的课业与时间，又岂能一时半会儿补得回来。

结果博主高考只得了 350 分，只上了一所普通的专科院校，毕业之后找工作更是屡次碰壁。博主这才懊悔不已，大声疾呼："希望各位父母能够引以为戒，别再让孩子沉迷网络了，多关注一下身边的他们吧。"

网络世界千变万化，短视频、游戏、音乐，远比书本中枯燥的知识对孩子有吸引力得多，轻而易举地就会把我们的孩子从学业中越拉越远。

湖南一名少年沉迷于某款热门手游，在多次与家里人发生冲突之后，选择了轻生。其母对媒体说："我身为母亲有不可推卸的责任，过度保护和溺爱是对他的纵容……

媒体在和其父沟通的过程中了解到，孩子和母亲曾因游戏发生冲突，多次争吵。面对孩子沉迷于游戏的事实，父母十分忧心，却不知如何正确引导。

类似的案件屡有发生，尽管程度不一，但忧心忡忡而又手足无措的父母，以不恰当的管教方式激化了矛盾，这是一个值得重视的事实。

要改变一个孩子，实际上要面对的是一个"生病"的家庭。很多父母只看到他们的孩子染上了网瘾，却不知道孩子产生网瘾的原因其实都与父母有关。

看过一个教育短片，里面的一幕让人印象深刻。10 岁的女孩在写作业，女孩的爸爸在一旁玩王者荣耀，而妈妈则在一旁追剧。身处这样的环境，又怎么指望孩子能自觉、自律地好好学习呢？其实，很多时候孩子沉迷网络游戏，根在家庭，因在父母。

所以给孩子提供良性的榜样示范、科学地引导孩子远离成瘾性网络产品，成为家长亟待思考和关注的社会问题。

家庭或许不是导致这些惨剧发生的唯一因素，但它依然是一个不得不引起重视和警惕的因素。

家长发现孩子沉迷游戏，往往归因于手机的错、网游的错，武断地打压孩子，藏起手机，卸掉网游。造成孩子陷入不被理解的孤独中，要么和家长公开宣战，要么偷钱或离家出走玩游戏，甚至做出伤害自己的行为。家长的行为把叛逆期的孩子越推越远。所以，要想从源头上解决问题，父母必须改变自己。

那么，作为家长应该怎么做呢？

首先，家长应该改变自己的认知，停止抱怨、打骂和指责，和孩子一起战胜网瘾。

李玫瑾教授讲过一个故事：一位爸爸发现儿子在高二的时候迷上游戏，他没有制止，而是带着儿子在暑假报了一个乒乓球班。每到周末，爸爸就要求和儿子比赛。结果为了赢爸爸，儿子不得不加倍努力练习，也渐渐摆脱掉了网络游戏。

其实，当孩子与其他人和事建立了亲密联接，从现实世界中获得了乐趣，他就会忘记虚拟世界中那些短暂如泡沫般的快感了。所以，父母不妨丰富孩子的生活，培养孩子一些兴趣爱好，鼓励孩子在生活中多结交朋友。

周末多带孩子到郊外体验大自然的美妙，孩子的世界才能丰富多彩。

其次，分析孩子的压力和焦虑来自哪里？减轻孩子现实生活中的痛苦感。

一位中科院的博士曾讲述过和爸爸的一段往事。在他14岁那年疯狂沉迷网络游戏，有次父亲悄悄去网吧找他，默默地在角落注视了他10分钟，又一言不发地走了。

第二天早上，他在桌上看到了父亲留给他的一封信，写道：

儿子，爸爸昨天去网吧了，看到你打游戏，知道你在同学面前要面子，没敢打扰你。

我回来一整夜都没有合眼,脑袋里全是你小时候的样子。不知道小时候听话的那个儿子哪里去了?

你的班主任打算放弃你了,你妈也说听天由命吧,但我是你爸,我养的儿子我清楚,你只不过是迷路了,爸一定把你领回家……

孩子看到这封信深受感动,主动找爸爸说自己不是不想学,是学习中遇到困难学不会了,就选择了逃避。爸爸了解这个情况之后,帮助孩子请了家教,慢慢帮孩子把落下的功课补上了,从此孩子改掉网瘾,学习步入正轨,一路拼搏成为中科院的博士。

孩子沉迷网络的原因有很多,家长要找到原因,对症下药,才能从根本上解决问题。

其实,家长不要对孩子上网过度紧张,对孩子上网的态度是陪伴、引导、张弛有度,孩子反而不会上网成瘾。也就是说,要想帮助孩子戒网瘾,父母应该首先跟孩子建立起良好的关系。也许单纯地说道理,家长还是不知道从何做起,一位心理咨询师为家长提供了具体步骤,家长们可以尝试一下。

第一步,让孩子谈自己的感受。记得,要想沟通有效,第一句话很重要。不谴责、不怒骂,甚至还要接纳,并只谈自己观察到的感受。

家长可以这样开头:孩子,当我看到你花那么多时间玩游戏时,我真的有点担心,我担心你晚上睡眠太少影响生长发育,也担心你精力分散影响学习。我知道每个孩子都爱玩游戏,不要说你了,有时候大人也喜欢。我知道你是个有想法、对自己有要求的孩子,那今天我们一起来聊聊这个事,看爸爸(妈妈)是否能为你做些什么?

第二步,建立基本原则。这个基本原则必须建立在完全公平的前提下。家长要注意,我们不能嘴巴上说"公平",而实际上一旦孩子的观点不是我们要的样子就立马出示权威。

家长可以这样说:今天我们的聊法跟以往不同,聊之前必须先建立几个规则。这些规则我们一起来确定,每人各说三条,你先说好吗?让孩子先说,是在表明一种态度——我很尊重你。……好,现在我来说,1. 每个人说话都不能大嗓门。2. 无论如何,要听完对方的话才能接话。3. 无论对方说什么都不评判……

第三步,写出各自的看法。双方分别在一张纸上写"玩游戏"的好处与坏处各三条,以及对彼此因"玩游戏"而产生的态度或做法的感受。比如孩子写道:妈妈老是监视我,我很不喜欢;妈妈写道:因玩游戏耽误上网课我很着急),后一项不限条数。记住,无论孩子写什么,都不讥笑或谴责,并给予一定的理解。

第四步,头脑风暴。根据前面写出的优缺点以及感受,每人继续写出可以平衡或解决的方法。比如孩子写道:希望妈妈不要来监视我,这样我会更自觉(在过往的咨询中,有好几个孩子曾告诉我,家长越担心他做什么,他就越想做什么)。妈妈也可以这样写道:希望孩子减少玩游戏时间,不要影响学习。写出来的方法数量越多越好,但要设置时间,比如5分钟。

第五步,确定一个或多个解决方案。比如妈妈允许孩子在假期里每天可以玩两局游戏。这里建议家长与孩子签协议的时候用几局,而不是几小时。有一些沉迷游戏的孩子告诉我,如果时间到了,但游戏还没结束,他们会很痛苦,这也是导致他们说话不算数,继续超时玩下去的主要原因。

解决方案也可以多个,比如再加上:妈妈要给予孩子信任,不要总是按自己的猜测来评判他。

第六步,写下协议。写协议的目的是为了有仪式感,显得很隆重,这样可以促使彼此更好地遵守,也为了以后有据可查。

第七步,评估。适时地做个阶段性评估,看看彼此完成了多少。

这里建议家长一定要以身作则,而且千万不要急于求成。一个习惯要改变只能慢慢来,所以在做阶段性评估时,你要把眼光聚焦在孩子的进步上,你可以这样说:"孩子,你在这方面果然做到了,真心佩服你。"如果变化不大,你也要这样说:"改变自己确实很难,我知道你已经在努力了。我们坚持住,慢慢来一定可以的。"

网络时代,没有人可以让孩子永不接触网络,用陪伴代替手机,用关心填满孩子的人生,给予孩子精神的富足和真实的快乐,才是防止孩子上网成瘾最好的方法。

孩子"青春期"叛逆的背后是什么？

青春期的孩子似乎总是令家长头疼，他们就像一个随时会被点燃的炸药包，令家长心惊胆战。他们异常敏感、冲动、不服管教，有时候只因一句话，就会掀起一场风暴，一旦情绪激动就很容易做出失控的举动。

许多孩子在进入青春期之后，脾气变得暴躁，学习不认真，甚至染上抽烟、喝酒、沉迷游戏等恶习，这让很多家长都焦头烂额，却又毫无办法，他们不知道如何解决孩子出现的问题，更不知道为什么孩子会变成这样。其实，叛逆只是一种表象，孩子只是用它来表达自己的内心。

家长要解决孩子的叛逆问题，首先要搞清楚孩子叛逆背后的心理动机是什么？很多家长不知道孩子为什么叛逆，其实，孩子叛逆的背后是无助和自我保护。

青春期的孩子无助又迷茫，他们的压力是多方面的，可家长却容易忽视掉那些成绩之外的因素。青春期的孩子往往是非常渴望得到外界认可的和关注的，但是很多家长往往会忽视这些。他们在跟孩子沟通的过程中，还是习惯于孩子小时候那样，父母讲，孩子听，以命令的口吻来要求孩子做这做那，不允许孩子有自己的想法。

这自然会让孩子产生一种抵触和反抗的心理，孩子在用自己的方式表达他的不满，因为他已经不是那个容易被父母掌控的弱小儿童了，他已经长成一个有自己独立思想和人格，可以保护自己的青年了，表现在行为上就是孩子对家长潜意识地产生反抗，渐渐地叛逆不听话。

中国人民公安大学李玫瑾教授谈到青春期抚养时，说过一句话：父母要做的第一件事，就是把嘴闭上。

唠叨、说教和指责是青春期孩子最反抗的事情，他们急切想要自主，又敏感爱面子。如果依然把他们当作孩子，训斥不停，甚至逼着孩子承认错误，孩子一定会做出更反叛的举动。

学会尊重而理性地沟通，是走近青春期孩子的第一步。

青春期孩子的内心充满矛盾，他们渴望独立，却又需要依赖；渴望交往，却又敏感封闭，他们内心迷茫又孤独。渴望家长的理解和陪伴，可有些家长整天忙于工作，无暇去顾及孩子的感受，对孩子缺乏关注和正确的引导。于是，孩子就可能会故意做出一些叛逆行为来吸引家长的注意。理解和陪伴是走近青春期孩子的第二步。

青春期尽管麻烦不断，却是孩子走向独立必须经历的阵痛，他们需要在挣扎中成长为真正独立的个体。

青春期是一个孩子的二次成长，父母要做的是帮助他建立自己的价值观，点燃孩子心中的价值感，而不是熄灭他心中梦想的火焰。怎么点燃？发现优点及时表扬和鼓励，如果家长给予孩子的是尊重、平等、欣赏和鼓励，孩子就会顺利在自我价值的认同中成长。当孩子的行为被一次次认可，他的价值感就会得到提升，他就会充满自信，认为自己是个有价值的人。

孩子的青春期迟早要到，但他会不会叛逆取决于父母。面对成长中的孩子，家长需要彻底放下"父母"的架子，暂时放下父母的角色，真正以一个平等的态度去重新认识孩子，去面对孩子的挣扎与迷茫，这样才能真正地了解孩子。

帮孩子顺利度过叛逆期的三个关键

叛逆是一个好的开始，但好的开始并不意味着好的结束。只有家长处理得当，才能帮孩子顺利度过青春期叛逆，才能在叛逆中成长。面对青春期叛逆的孩子，家长应该学会一些应对方式，抓住肯定、调整和对症下药这三个关键词。

1. 要肯定叛逆是孩子成长的表现。

当家长遇到孩子叛逆、不听话、不配合、不沟通时，一定不要认为孩子叛逆是对自己威严的挑战，而要承认叛逆是孩子生理成熟、认知能力提高、自我同一性发展的结果，是他们成长的表现，是一件好事情，至少是好的开始。

家长不要盲目否定孩子的不守规矩，对孩子勇于自我探索的表现要加以肯定。得到父母的认可之后，孩子可能就不会那么叛逆了，起码程度不会更深。

2. 要以叛逆为契机及时调整教养角色和教养方式。

叛逆意味着孩子长大了，家长需要及时调整自己的教养角色，应该从起主导作用的教育者转变成陪伴孩子成长的陪伴者。陪伴就意味着以孩子为主，父母处于非主导地位；就意味着一种无言的支持和认同，意味着一种平等的朋友关系。

青春期的孩子出现叛逆问题，既提醒家长要及时转变教养角色，也提示家长前期家庭教育的失误所在，是家长改变教养方式的重要契机。

3. 要了解孩子的叛逆类型，对症下药。

青春期孩子的叛逆行为，主要有三种类型：

暴躁型。对父母、老师的要求剧烈反抗，经常跟父母吵架或发脾气，经常跟父母冷战。

沉默型。不愿跟大人沟通，对事情漠不关心，对父母的话没有反应，不喜欢跟老师接触。

阳奉阴违型。当着大人的面赞成大人的想法，但是自己的行为表现却相反，父母说什么都表面答应，但是依旧我行我素。

对不同类型的叛逆行为，父母可以采用不同的应对方式。

对暴躁型叛逆的孩子，不要硬碰硬；对沉默型叛逆的孩子，耐心等待慢慢沟通；对阳奉阴违型叛逆的孩子，让孩子感受到真诚。

叛逆的背后是孩子特定阶段的发展特点和个体不同的内心需求，希望青春期孩子的家长都做一个有心的家长，多去观察孩子的特点、了解孩子的需求。

只要努力做一个有心的家长，对孩子的叛逆行为做到心中有数，不往外推自己的孩子，接纳孩子，相信孩子的叛逆问题只是成长过程的问题。

对于孩子的叛逆，我们不应只是感到焦虑，还要看到孩子带给我们成长的命题。孩子的叛逆期，其实是父母的另一个成长期。只有父母与孩子彼此携手，才能在成长的道路上越走越远。

第四章 学校管理的新思考

信息化时代教育者应该坚守什么?

这是一个全球化、信息化的时代,互联网正在潜移默化地影响着我们所生活的世界,同时也影响着我们的教育领域。在当下这样一个变革的时代,教育需要变通,更需要坚守。我们不仅要适应互联网时代的发展,与时俱进。我们更应该思考教育需要坚守的是什么? 这是时代赋予我们的重要命题。

我想,无论社会如何发展,信息技术如何更新,教育的本质是不会改变的,就是以灵魂唤醒灵魂。有灵魂的教育意味着追求无限广阔的精神生活,追求人类永恒的精神价值,并建立与此有关的信仰。

写下这个话题,我想到了张桂梅,那个用生命教书育人,让无数大山里的女孩改变了命运的华坪女中党委书记、校长。

2021 年的高考落幕,那几天热搜榜上一直挂着张桂梅校长的视频,视频不长,只有 1 分 29 秒。但看完之后,却让我流下了眼泪,久久不能平静,思考了很久。

视频是随着高考的结束,张桂梅跟学生一起回到了华坪女中校园的镜头,镜头里,女孩们从车里鱼贯而出欢呼着冲回校舍,上一秒还在嘴里高喊着"谢谢老师",下一秒便是她们跟相处 3 年的任课老师告别,紧紧地相拥在一起,哭成泪人。

视频中一位学生的母亲来学校接孩子,孩子考完了,结果是可以预见的喜人。面对镜头,这位母亲带着难以掩饰的笑容说:"我家住得比较偏远,如果没有女高,就没有我孩子的今天。"孩子生活在贫穷的山里,却能拥有走出大山、走进大学的机会,哪位父母能不为之兴奋呢?但下一秒,当记者提到张桂梅校长时,这位母亲似乎想到什么一般,突然开始抽泣:"希望张老师……她能保重身体。"

那个三年来与孩子们形影不离的张桂梅,让太多的学生和家长感激不尽。但他们的那份恩与情,那份感激与歉疚,却都没有机会当面向张桂梅表达。因为一回到学校,张桂梅就躲进办公室里不肯出来。她既不让记者采访,也不肯让学生们来跟她告别。平日里,那个暴脾气、嗓门大、事必躬亲、天天逼着女孩们拼死读书的"暴君",在此时却像一个孤独的孩子,一个人躲在房间里,不想见任何人,因为她无法面对这群想要跟她告别的孩子,她无法面对这个别离。

"我生来就是高山而非溪流,

我欲于群峰之巅俯视平庸的沟壑,

我生来就是人杰而非草芥,

我站在伟人之肩藐视卑微的懦夫!"

这是华坪女高每天都要宣读的誓词,在孩子们心中,这个伟人就是张桂梅,她们站在她用生命为她们支撑的肩膀上,走出大山,走向光明,走向美好的未来……还记得高考第二天,云南省丽江市华坪县突降暴雨,64 岁的张桂梅站在暴雨中护送 150 名高三学生的身影,就像一座丰碑,屹立在每个孩子的心中。

在强调素质教育的当下,也许张桂梅的教学方式、她的死磕精神让有些人诟病,但她对学生的大爱,她对教育的执着精神是毋庸置疑的,我从张桂梅身上看到了每一个教育工作者需要坚守的东西,那就是对教育虔诚的信仰。

一个人有了信仰,就有了精神支柱,就有了方向,就有了前进的动力。除了张桂梅,还有无数教育工作者坚守在一线默默地守护着他们的学生,默默地燃烧着自己。

我记忆中有一位普通的教师一直难以忘记，他的事迹曾经感动了整个中国，他就是被称为精神世界的"拾荒者"的韦思浩老师。韦思浩原是杭州夏衍中学教师，1999年从杭州夏衍中学退休，开始"拾荒"捐学。

2014年11月26日，一篇《杭州图书馆向流浪汉开放 拾荒者借阅前自觉洗手》的报道，将76岁的拾荒老人韦思浩走进公众视野，他在图书馆读书看报的画面被很多媒体转发。可是灾难却在2015年11月猝不及防地来临，老人在过马路的时候遭遇车祸，最终因抢救无效去世。

他的女儿在整理他的遗物时意外发现了很多捐资助学的证明和受助孩子们的来信，大家才知道这位爱阅读的老人背后的故事。

韦思浩退休前是中学一级教师。在任教期间，有些学生家境贫困，韦思浩就会拿出一些钱来资助他们。在20世纪90年代，教师每月的工资并不高，但他还是经常拿出几百元资助学生。退休后，每月有5600多元退休金，却每天省吃俭用，把钱都用于扶贫助学等公益事业上。生前，韦思浩住在杭州天城路的万家花园小区，是教育系统统一分配的房子。房子没有装修，是交付时的毛坯房，除了一张木板床外，没有任何家具。他把自己的一生都献给了教育，他半辈子教书育人，退休后又把更多的学生送入教室。

他的女儿吴女士在整理父亲遗物时，发现了一只小包，里面装着身份证和一叠证书、票据、信件，希望工程结对救助卡、扶贫公益助学金证书……

吴女士说，包中的信件是一些学生写给父亲的，虽然时间已久，但字迹依然清晰。直到那一刻，她才知道，多年来父亲一直化名"魏丁兆"资助寒门学子。这些信中，有的学生表达了收到捐款后的感谢之情，有的学生汇报自己的学习成绩。至此，周围人终于知道，老人并非生活窘迫的拾荒者，而是一位真正的修行者。一位教育者的楷模！

陶行知说：教育是教人变好。无数名人大家也对教育做过论述与解释，可是韦思浩却用生命诠释了什么是教育。

几十张从几百元到几千元的捐助证明，静静地展示着老人这些年的生活，让人感触最深的是那张签了名的遗体捐赠志愿表，他计划在离开这个世界后，也要帮助别人，捐掉所有可用器官，让其他有需要的人活得更好。

老人的故事温暖了一座城，感动了整个中国。浮躁的今天，精致的利己主义者横行其道,而真正的悲悯仍如流水般涓涓流淌于至善者心中,高山仰止,景行行止。

一个人可能会一时有个理想,但坚守很难。几十年坚守一件事情,而且这件事情是利他,毫不利己的,更是难上加难。是什么在驱动张桂梅、韦思浩这样的教育工作者做这件很难、大多数人做不到也不愿去做的事情呢?

我想,那就是对教育的信仰。真正的教育就是一种信仰,它让人挣脱物质的枷锁,实现灵魂上的自由和解放,获得精神上的重生。

也许,有人会说对教育的信仰不是所有的人都能拥有的。那我们能做的就是最大化地实现我们的育人价值,尽可能帮助学生成人、成才。我们不仅是知识的传播者,更要做学生成长的陪伴者和精神引领者。

当今社会,互联网虽然提供了大量的信息,但教师的价值是永远不会被取代的,学校也是不可或缺的。在教育的美好氛围中,爱、关心、精神、气质和人格魅力永远不可代替。教育是点点滴滴、润物无声的清流,需要教育工作者真情地坚守。

我们常说"君子不器",君子不仅仅是掌握一门技术就可以了,只掌握技术的人叫专业人才,而我们真正要培养的是有道德的君子。所谓"文明以健,中正而应,君子正也""谦谦君子""君子如玉""天行健,君子以自强不息;地势坤,君子以厚德载物",都是在说君子的精神气质和道德品质。这样的气质与品质是需要在长期的教育与修炼中涵养而成的。

教育最终是以心养心的过程,是生命对生命的影响。这种影响可以通过信息传递,通过互联网来达成,但绝不能忽略生命与生命的交流、心灵与心灵的交融。

在互联网时代,我们不仅要关注教育的工具性追求,更要注重学生全面和谐的发展,关注精神、信仰、理想、信念,培养学生慈爱悲悯的人文情怀,使学生拥有善良的心灵。

不管是互联网技术还是我们面对面的这种授课,其实最重要的一个因素就是"人"。教育是为人存在的,学校是为人而存在的,从某种程度来,互联网也是为人,为人类的发展而存在的。

今日的我们需要把教育当作一种信仰,像无数张桂梅、韦思浩那种教育信仰的坚守者一样,扫去精神上的杂念,聚集我们微小的力量,温暖孩子们的心灵,温暖这个世界。

怎样提升校长领导力？

曾经看过这样一个有关管理的笑话：有两个人在干活，一个人挖坑，另外一个人过来把坑填上。然后，这个人再挖一个坑，另外一个人再填上。

有人看后不解，就问："哥们，你们这是在干什么呢？"这两个兄弟礼貌地说："我们在种树啊。我的任务是挖 50 个坑，他的任务是填 50 个坑，而种树的那个人，今天请假了。"

这两个人干活儿了吗？确实干了。有结果吗？没有！

在管理中，其实有很多人都在做着这种并没有"结果"的无用功。因为管理者常常只关注外在的任务，而忽略了对员工内心世界的建构。

现代管理学大师彼得·德鲁克说过，"管理的本质在于激发和释放每一个人的善意。"

我觉得这句话特别适用于教育中的管理。因为教育本身就是一种善意的行动，作为教育工作者，不管是一名普通教师还是一校之长都要具有使人"为善""从善"的动机、意愿和能力。

从事教育工作三十多年，从一名普通教师到成为一名校长，我认为做校长和做教师最大的不同在于做教师只需要做好自己，去影响自己的学生，而做校长最重要的是在自我成长的同时成就教师，了解教师真实的内心需求。

校长还要拥有一双智慧的眼睛，善于发现教师的优点，对教师的努力与成绩及时、客观、诚恳地给予评价和鼓励，使其工作具有幸福感。

当然这一切要基于校长的自我成长，学校成为一个学习共同体，校长以自身的成长带动师生共同成长。校长要把自己当作教练，想尽办法激励教师，使教师的潜能得以释放。

我们学校有位老师，原来是体育老师，工作懒散不认真，我就找这位老师谈话，谈话之后有所改变，但还是没有从根本上改变。

有一次我又找他谈话，我问他，"除了体育还有什么特长吗？"他说"对计算机感兴趣。"我说"那以后信息化这一块你负责怎么样？"

他说，"可以。"我说，"你现在没有经过系统的学习，你去学吧，学了以后你只要能达到一定程度，我就让你负责这个事情。"

这位老师从那以后除了把体育课上好之外，课余时间就认真研究计算机方面的书籍，有什么不会的地方他就问计算机的老师，有的时候问的问题我们学校的计算机老师也不会，他就星期六、星期天跑到聊城大学找有关专家去请教。学了一年多的时间，确实从理论到实践各方面都达到一定的水平，他就找到我，我说，"行，那你就负责这个事情。"

学校信息中心负责人不敢接收他，怕自己管不了，我就说你放心吧，他现在已经改变了。这个负责人将信将疑地将学校信息中心网络维护这一块交给这位老师负责。

经过一段时间的工作之后，他发现这位老师工作上、态度上各方面都做得非常好，后来信息中心主任和副校长见到我高兴地跟我说："周校长你看人看得真准啊！"

我说，对于老师也不要戴着有色眼镜，关键是你的观念，再一个就是利用他的特长，利用他的长处来为学校服务，而不是不用他，其实对待学生也是一样的道理。

我想，作为校长要做老师的思想工作，发现他的长处，这是最重要的。所以老师和学生一样，学生不学习经常受批评，他就没信心了，没有信心他就认为反正老师不喜欢我，他自己就不愿意学了。

老师也是一样的，这个年级不要他，那个年级不要他，他自己也没信心，所以作为校长应该以心交心，以诚相待，激发他内在的动力，这样才能转变他，促使他去成长，而不是一棍子打死。

作为校长要善于激发老师的善意，激发了善意，他那些恶意可能就慢慢地压下去了。

校长首先要管理好自己，才能管理好学校、管理好教师，其领导力就集中体现在对全体教职员工的善意和能量的激发与释放上面。

很多年前，我和部分学校中层领导曾去参观过一所民办学校，这是一所偏远的学校,各种基础设施都很一般,但却从各地吸引来了不少非常优秀的骨干教师加入。这所学校的魅力何在呢?我访问了部分老师,他们说,这里工资并不多,但大家干得快乐,干得有劲,觉得是在真正做教育。他们坦言之所以愿意在这里工作,是因为校长的个人品格和人格魅力,他们愿意成为校长的追随者,一起为教育做点事。

校长介绍说,学校没有任何要求,但很多老师都是自己加班加点,自己搜集资料,自己开发课程,每个人都投入了很大的热情和精力在工作中。

这个学校的校长通过教育理念和人格魅力凝聚教师团队,通过工作本身释放每个人的能量,老师们说作为教师我们不是被管理,努力工作是因为校长是我们信服的人,在这里我们感觉被尊重和信任,被赋能和授权,在这里能尝试有挑战性的任务,在这样民主、透明的氛围中工作,能感受到自己的成长和成就。

我认为校长领导力的核心就在于让所有教职员工认同学校的办学理念和使命,激励他们同心同德地一起去实现,同时让教师的工作富有成效,有成就感和荣誉感,并能体会到境界不断提升的历程。

我觉得世界上没有比教育人更幸福的事了,把一个人从自然人培养成对社会有贡献的人,只有靠老师的职业认同、价值认同和目标认同才能实现。在这一过程中,思想统一是很重要的。

我认为教师的管理首先是思想引领,然后是制度的保障,学校管理要以思想引领为主线,以制度执行为保证。

校长领导力在很大程度上表现为影响并培养更多人才的能力。正如苏霍姆林斯基给校长的定位是"师者之师",师者之师就是作为教师的引领者,带领整个学校向前发展,所以校长的个人成长关乎一所学校的发展。

做校长这些年来,我除了不断读书,就是去全国各地参观学习,学习别人的先进经验,取他人之长补己之短。同时,校长要时时刻刻为师生的成长着想,关注教师的身心成长,为教师及时排忧解难。

一所学校的育人目标就应该是去追寻师生幸福的感觉。这种感觉是什么呢?这难以用一两句话说清楚。但他们幸福的感觉都写在脸上,都写在生动的表情和笑容里。

　　做老师以来,最自豪的事就是在街上经常有我认识或不认识的学生,热情地叫我校长或老师,如果学生在街上遇到你躲着走或者装作不认识,这是作为一个教育工作者的失败。

　　其实,校长真正的领导力恰恰是产生在为教师、为学生、为家长服务的过程中,因为在为别人服务的过程中,他们往往就成为你的追随者,校长最大的魅力在于能把人心聚在一起,为了共同的目标一起努力。

　　有道是:人心和,天涯咫尺;人心散,咫尺天涯。

制心一处，无事不办

——统一思想是学校管理的重中之重

"制心一处，无事不办"出自《佛遗教经》，意思是我们把心放到一个地方，就没有办不成的事。

明代高僧莲池大师在《竹窗随笔》的"花香"一篇中说道：庭院中百合花开，白天虽然也能闻到花香，但香味微淡。到了夜深人静的时候，香气才特别浓厚。这并不是我们的嗅觉白天迟钝、深夜敏锐，而是因为白天喧闹、纷乱，眼睛要观察事物，耳朵要辨听声音，致使嗅觉受耳目影响而无法专注。

莲池大师借"花香"是来说明无论学什么、做什么，只有聚精会神、专心致志，才能有高质量、高效率。

学校管理也是如此，在学校管理中统一思想是重中之重。中国有句俗话："人心齐，泰山移"。意思是只要人们心向一处，共同努力，就能发挥出移动高山的巨大力量并克服任何困难。

有人认为思想是虚的，其实把思想落实到行动就是实的。学校管理中统一思想就是统一教师的职业认同、价值认同、目标认同，只有统一思想才能产生合力，只有统一思想才能去行动，他如果不认同你的思想就不可能去积极行动。

人的思维没有一样的，为什么要讨论，就是要把思维统一到一起，达成共识，然后为了共同的目标一起去实现。否则就是一盘散沙，难以长久。

举个例子：2009 年的时候，美国新墨西哥州一家从事机械制造的公司，它的创立者格菲特是一位在业界很有名望的人物，机床工人出身，论技术和业务，他十分过硬，但在管理方面缺乏经验。他在一次偶然的机会中结识了华盛顿的风险投资人，得到了一笔可以支持他创业的资金。他把这笔钱投在了他最熟悉的机械制造行业，为波音公司提供精密的机器配件。

公司的初期业绩相当不错,格菲特不由得雄心满满,想大干一场,但因为他精于业务,不懂管理,未能及时给公司上下的员工建立统一的思想,在大大小小的公司会议上,他讲得最多的是业绩,"只要业绩好了,我们大家都有饭吃。"物质的激励充斥着这家公司的每一处角落。也正因为此,他的团队缺乏更深层次的凝聚力,因而在遇到危机时,业务量急剧下滑(当 2009 年波音公司陷入低谷时,他的公司不可避免地受到了波及),他被迫削减薪水,以期渡过难关,但此时员工纷纷跳槽,好不容易培养出来的骨干人才大部分都离开了他,导致事业败落,早早破产。

一支团队,最重要的是凝聚力和共同目标。凝聚力保证了后者的实现,后者又使得团队的凝聚力可以发挥其价值。

20 世纪 70 年代末到 80 年代初,领导高盛的约翰·怀特黑德是一位不可多得的金融天才,他接手高盛后,一再强调在这里只有"我们",没有"我"。高盛的团队精神容不下任何特立独行的超级领袖,也不可能容忍哪一个人以自己的私利凌驾于团队利益之上。这种团队精神成为高盛文化的主要组成部分之一。

众所周知高盛从来都不缺乏金融怪才,但高盛并没有让他们的个性脱离严密的团队文化而独具一格,使得其个人精神控制集体命运,高盛也并没有因为这些人的离开就大伤元气。

在高盛一百多年的历史中,其大部分时间内一直奉行着共同领导的团队精神,统一的思想信念,并且一脉相承。

人类为了让个体聚合在一起,主要是靠统一思想。比如相同的民族意识、宗教意识、国家意识,都是为了让人们能够形成一个群体而产生的意识形态。就算人们走散了,只要有统一的思想信念,一定会团聚。

学校管理是一个复杂而又简单的系统。说它复杂,是因为学校教育及管理涉及众多变量和影响因素,是社会复杂系统的一部分。说它简单,是因为学校只需要做一件事——培育和陪伴学生健康成长,这是教育的最终目的。

学校如果不能统一思想,就会是一盘散沙,造成管理的混乱。比如财务管理的方法,到底应该先记账还是先付款,各有各的优劣,谁也不能说服谁,如果没有统一的思想做指挥,就会陷入混乱。

　　我在莘县二中做校长不久,在推广全员育人导师制的过程中,受到学校领导层和教师的阻碍。领导层认为每天半个小时的大课间是浪费时间,不如让学生多做几道题。教师们则认为增加了自己的工作量,也不积极执行。对于他们的反对,我从做人的角度做他们的思想工作。

　　我用孔子"亲其师,信其道"的道理说服他们。我说:"一个人只有在亲近、尊敬自己的师长时,才会相信、学习师长所传授的知识和道理。我们的学生学习成绩不好,动力不足,学校要搭建一个师生沟通的平台,让学生有话跟老师说,才能跟老师成为朋友,只有跟老师搞好关系才能接受他们的思想,才能增加他们学习的内动力。"

　　为了落实全员育人导师制,我采取措施,让每个副校长都承包一个年级,成为那个年级的"校长",全面考核、评比,这样从制度上抓起,取得了一定成效。

　　我们的学生从乡镇刚来莘县二中的时候,有抽烟的、打架的、拿手机的、谈恋爱的,考试的时候因为不会做题在考场睡倒一大片。到了莘县二中之后,经过这几年的学习,养成了好的学习习惯。家长都说孩子们懂事了,高中毕业有接近四分之一的学生考上本科,高考之后召开家长会,很多家长流泪了,本来以为孩子能撑到高中毕业就外出打工,没想到孩子考上了大学。

　　大量事实证明,我们的大课间不仅没有耽误学习,还让很多孩子的成绩有很大提升。通过这些事实,我的理念得到了老师和干部的认可,只有让他们认同我的观点,才能为了共同的目标去努力。

　　所以,我认为教师的管理首先是思想引领,然后是制度的保障。就像一个国家以德治国为主旋律,依法治国是底线一样,学校管理应以思想引领为主线,以制度执行为保证。

　　从这点来说,统一思想就是团队的灵魂,统一和没有统一的不同,差距之大,如同一个人失去了魂魄,成为一具行尸走肉。硬件再好的学校,如果缺乏这种无形的魂魄,校长和管理者不能使老师和中层形成凝聚力,就会始终处于一个无序状态。

　　思想统一不是简单的理解,而是传导正确的思想观念和学校文化,并付诸行动,这关乎一个学校的未来发展。

因此，火车跑得快，全凭车头带。校长在学校发展的关键时期其思想能高屋建瓴，适时提出主张和谋划，及时进行思想的统一，决定了学校发展的成败。

提高思想认识水平，做好导向者，这才是每一个校长最大的责任和义务。我们只有认识到思想统一的重要性，与时俱进，并在日常工作中发现问题、分析问题、解决问题，才能将我们的教育事业做得更好、更稳妥。

教师管理的"制度"与"温度"

一名教师能不能为社会培养有用的人才,关键取决于他的心态与素质,教师的心态与素质是育人质量优劣的先决条件之一。一所学校只有调动了全体教师的工作积极性,充分了解到教师的内需,才能更好地激发教师工作的内驱力,才能产生巨大的效应,让教师的情感有依靠、需求有满足、做事有效率,这样的教师管理才是人性化的管理。所以学校管理有制度的同时也要有温度。

两年前,河南省南阳市一个4岁女孩在妈妈教室后面的课桌上睡觉的照片在网上突然火了,母女二人在猝不及防之下成了网红。孩子的妈妈说,"那天下起大雨,而学校当天要考试,接送女儿不便,于是就把女儿带到了学校。"

不少网友纷纷留言,心疼小孩,也为妈妈的敬业精神所感动。但也有另一部分网友提出质疑:有很多学校是不允许带孩子上班的,这样是要扣钱的。

带幼儿上班是很无奈的事儿,我想如果有特殊情况,教师偶然一次带幼儿上班,学校领导也会体谅,而不应该冷冰冰地批评和扣钱,学校管理有制度也应该有"温度"。

教师的工作是育人,教师培养的是社会的未来,这样的工作蕴含着极高的社会价值和责任,而学校管理者的责任是将这些崇高的使命与价值内化为教师自身的追求和愿景,成为教师的行动准则,指引教师的行为。

日本著名跨国公司"松下电器"的创始人被人称为"经营之神"的松下幸之助说过一句名言:松下公司主要是制造人才,兼而制造电器。

对学校而言,我们可以理解为,管理的重心要由原来的以"事"为中心,转变为以"人"为中心。

教师管理,不是管控教师的行为,而是走进教师的内心,温暖、唤醒、引领。

作为教师,谁都不愿意落后。教师群体的情感需求特别强烈,作为管理者对此不可忽视。学校管理既要有对工作标准、工作质量的要求，又要有对价值观、思想觉悟、工作态度的引领。"管"往往是刚性的、显性的、严厉的，"理"则是柔性的、隐性的、宽容的，只有刚柔并济、宽严相济的管理才是真正走心的管理。

另外，对于人的管理，要最大可能地发挥人的主观能动性，就必须让其实现"安全感""归属感"和"成就感"。

一位来自南京的 90 后女孩在一档电视演讲节目中做了一个演讲，题目是《国强则少年强》，是关于一个国民在强大国家保障下的安全感，是那份心安与踏实。作为教师的安全感，就是让教师感到自己在学校是受保护的，无论教师跟家长或学生发生什么难以解决的事情，学校要始终站在教师的身边跟他去共同面对。

归属感是每个人必需的，人都是生活在一个现实的世界，如果没有归属感就好像断了线的风筝一样不牢固，就是无本之木、无源之水，人就会陷入无限的自卑和封闭的状态，久而久之也会对人生充满消极情绪，会感到困惑、迷茫。这样的教师必然影响学生的人格塑造，必然损坏整个学校的教学秩序，也不利于整个社会的进步。所以学校一定要给教师足够的安全感。

人生在世，不论从事何种职业，都有追求"成就感"与"获得感"的愿望与权利，教师也不例外。有的教师成就感来自学生，有的教师的成就感来自自己的专业发展，学校尽可能地提供条件和支持，让教师在自己的专业领域得到提升，想办法让教师的工作变得有价值，让他们在工作中实现自我。

人都是情感动物，尤其是高素质的人更容易被感动。作为学校领导，能低下头、弯下腰为教师服务，能时时处处为教师谋利益，教师必然会为之感动，会以尽心的工作来回报学校。所以充分挖掘教师的内动力，做一些让教师内心感动的事，必然会激发教师的工作积极性。

在学校这个大家庭中，管理者应注重关怀和爱，关怀的本质是从对方出发，给予理解、同情与关心。

如果管理者常常自问：若我处在教师的境地，我希望怎么办？教师常常自问：若我是校长，我会怎么办？那么很多答案就自然产生了。

学校管理要让爱充盈其间，弥漫其中，让爱与被爱、关怀与被关怀成为人与人之间的重要关系。管理者可通过引领、对话、关怀与认可的方式，培育开放、包容、团结、协作、民主的精神气质，追求"和而不同"的内在和睦氛围。

在一个家庭中，家庭成员总是会关怀弱势者，而不是打击或抛弃他；学校也是这样，管理者应该最关注、关心、关怀那些处在边缘地位的教师，而不是打击或放弃他们，要将学校办成教师心灵归依的精神家园。

我经常找教师们谈心，心里有什么疙瘩说出来就好了，我也经常鼓励教师找我谈心，有的时候教师们不一定非要什么荣誉，就是想和校长说说心中的苦闷。凡是来和我交换意见的教师，我都会想方设法让他们满意了再走。沟通才产生美，这道理其实一点也不新鲜，大至国家民族，小到家庭个人，只有沟通才能消除隔阂，弥补缺失，赢回尊重，造就和谐。

曾经看到一篇报道，一所农村寄宿制学校，学生和教师都住校，学校采用指纹签到，规定的签到时间是早上 6 点至 7 点。有一位非常负责任的班主任，某天半夜里他的一个学生突发疾病，他将学生送到医院并陪护输液，等第二天家长赶到后做好交代才离开医院，回到学校后又马上去上自己的课。期末绩效考核的结果公布，他看到自己有一天旷课，这是要被扣掉好几百元的。他想自己一学期没缺过一节课，怎会有一天旷课呢？

他到学校办公室去查了旷课的日期，才想起来正是从医院赶回来的那天，早上来学校已经过了学校规定的签到时间，而且他急着去上课根本就没记起签到这个"任务"。他把情况告诉办公室，办公室让他去找校长。他又找校长说明了情况，校长的答复是："我们采用指纹签到、电脑统计就是为了客观、公平、公正，你说的情况我可以相信，但没签到那只能说是你自己的失误，总之电脑统计的结果是绝对不可以再进行人为修改的。"事实上，像这位教师一样漏签的情况是时常会出现的，因为人一直就在学校，如果这个时段正在忙一件工作上的事，往往就会忘了去签到。

像这样冷冰冰的机械管理，目的就是要凸显管理的权威，就是要把教师"管住"。这样的管理就失去了管理的意义。

教师管理必须制度化和人性化相结合，才能让教师处于一个平衡的状态，才能更加有助于学校的发展。

我们都清楚，上班迟到是要扣工资的。但管理者面对这样的规定时，就应该稍微人性化点。如果有特殊情况没有打卡或者迟到,管理者应该理解和网开一面,允许有例外情况发生,对教师来说,这也是一种人文关怀,会让教师感觉到温暖。

教师这个职业本来就是个"良心"职业,干的就是一份良心事业。"出工不出力""人在心不在"和"全身心投入""任劳任怨"简直是天壤之别。能让教师真正动起来的不是制度,也不是简单的监督,必须是发自内心的积极性。

在制度中添加人性化,彰显的是管理者的人文关怀和对教师的一种体谅。这样管理者在教师的心目中才能树立起高大的形象,才能真正得到尊重。

在教师管理中,我总结了六个字:爱、严、细、快、实、恒。

首先是爱。我们一直主张爱是教育的灵魂,爱是对管理者、对事业、对教师、对学生的爱,各种制度都是从爱的角度出发、出台的,给教师、学生多创造机会,即使是惩戒也是绿色惩戒。

严:指严格。比如老师经常迟到,可以扣钱、通报批评等,但同时要根据情况灵活掌握,这就是有温度。

细:指细致。人人有事干,事事有人干。比如卫生,教室的每一个地方都要有人负责。从源头抓起,要求中层领导每周写工作总结,教师的日常工作也要有计划。

快:指快速。能一天完成不能用两天,能马上执行的就马上执行,做事要快速有效。

实:指落实。一切都实实在在,不弄虚作假,实事求是,落实到位。

恒:指持之以恒。有的人三分钟热度,这就要督促和监管,无论全员育人导师制还是教育信息化都需要坚持才能做出成绩。

总之,教师的工作是培养人的工作,需要教育者内心充满温暖,并将这份温暖传递给学生。因此,教师需要的不仅仅是外在的、冰冷的管理与规定,更需要内在的感召与引领、尊重与信任。

学生管理最重要的是管"心"

《孔子家语·致思》中有这样一个故事：子路要治理蒲这个地方，但是心里没底，就请求孔子帮助："我愿意受到夫子师父的教诲。"孔子问："蒲这个地方如何啊？"子路回答："蒲这个地方强壮之士比较多，而且难以治理。"孔子说："好，我告诉你如何治理。"

于是，孔子就对之路说了四个方法：恭而敬，可以摄勇；宽而正，可以怀强；爱而恕，可以容困；温而断，可以抑奸。

大概意思是我们与人相处，对任何人都要存一分敬意，不存邪念，这样与人相处，哪怕是平常勇猛无比的人也会把他的勇收起来。对待他人要宽容一些，我们说的话、做的事要正，再强硬的人也会把他的强大收敛起来。对人心存关爱之心，人有了仁爱之心，再加上宽恕。体谅他人的难处，对陷入困境的人也能包容他们。待人温和，对于不当的事情要果断出击，从而抑制他们的不当想法。

孔子说，"如此运用这几种态度来治理蒲邑这个地方，则这个地方治理好就不困难了。"子路听从了老师的建议，用了孔子的方法治理蒲三年之后，果然效果非常显著，取得了非常不错的成绩，得到了百姓的认可。

从以上故事中我们可以看出，孔子教给子路的方法每一条指向的都是"人心"，是针对"人心"来做事的。其实管理学生也是一样的道理，我们要管理学生，一定要从学生的"心"出发。在与学生相处中做到恭而敬、宽而正、爱而恕、温而断。

我记得在我在莘县一中做老师的时候，刚接了高三一个班，其他老师跟我说有个学生不学习，经常迟到早退、打架，上课睡觉影响别人，建议我干脆开除算了，我接手这个班以后，也发现这个问题，我多次找他谈心，他不愿意多说话。

有一次，他又犯错误了，我决定给他一点压力，放学以后我让他到我家来吃饭，吃饭的时候我不说话，他也不说话，吃到最后他实在憋不住了，说："周老师你批评我吧！"我说，"为啥批评你呀？"他说，"我打架了。"

然后他就跟我说了打架的原因，一个同学的钢笔水甩到他身上了，把他的衣服弄脏了也不道歉，他一生气就动手打了他。听他说完我并没有批评他，而是给他夹菜，让他好好吃饭。

吃完饭，他自己主动说，"周老师，你放心吧，我以后再也不打人了！"

从那以后，这个学生确实转变很大，我也经常关注他，有了进步及时表扬，他各方面都表现得越来越好，后来还考上了大专。

有的时候，一个老师对学生的态度，确实可以改变他一生的命运。

我当班主任的时候，还有一个学生也是经常违反纪律，我说了多次他也不改，有一次他再次违反纪律，我把他叫到办公室说，"你再犯错误我就叫你家长到学校来一趟。"他听后非常紧张地说，"老师求你了，千万别叫家长，我改！"

可是，后来不长时间他再次违纪，这一次，我把他叫到办公室，我说，"这是第三次给你次机会了，对吧？你还有什么可说的？"

当时其他老师都下班了，办公室没有别人，这一次，他哭了，"扑通"一声给我跪下了，说："周老师再给我一次机会吧！千万不要叫家长！"他说他家里很困难，父母都有病，就靠二亩地供他上学，如果父母知道他不好好学习，一定会非常伤心，看他这样我的眼泪也下来了。我说，"好！我再给你一次机会"。

从那以后，这个学生彻底改变了，高三以后考了一个专科，之后又专升本，毕业以后分到一个乡镇中学当老师。

他后来再见到我时说："周老师，我一辈子都感激你，如果当时你把我家长叫来，我这辈子都完了。因为如果当时父母知道我在学校里表现不好，肯定不让我上学了，不上学我就没有今天。"

我们做老师的一味地批评学生是最低级的方法，要学会用善意、耐心和包容，激发学生内在的力量，这样做成就了学生也成就了自己。

从此以后，我就决定学生没有重大的事情尽量不叫家长，孩子自尊心都非常的强,他在同学面前、老师面前、家长面前都是想努力表现出自己好的一面。

我曾经做过一个调查,学生最讨厌的一件事是什么?百分之九十以上的答案就是叫家长。在学生心里,你叫我干什么都行,只要不叫家长。每一个孩子都不想让家长失望。

我到莘县二中做校长以后,多次给老师讲,没有重大的事情不能叫家长。我们学校规定凡是叫家长,必须由负责德育副校长批准以后才行。同时,我要求老师给家长打电话、信息沟通,多说孩子好的方面,多说他做了哪些好事,有哪些进步。

我经常给老师举这样的例子,我们是老师,同时也是家长,你孩子的老师给你一打电话就说孩子犯的错误、有哪些缺点,你会是什么心情?你一定会怨孩子不争气,回家就会批评孩子,甚至打骂孩子。

面对学生,发现他们的缺点远比发现他们的优点容易。学生犯错,厉声指责远比保持沉默容易。但是,我却相信,指出优点要比挑出缺点更具有引领的力量,接纳、包容要比指责、惩罚更能让孩子从内心改变。

作为老师和家长,一定要注意维护学生的自尊心,避免和学生公开对峙,从长远来看,这种对峙不会有胜利者。如果和学生有不同的意见,尽可能私下里交流,不要在其他学生尤其是家长面前批评犯错误的学生。

面对孩子,我们一定要思考,如何对他们进行入心的教育。这个时候,我们再回到孔子的方法"恭而敬,宽而正"上来,如果老师都能用孔子的方法教育孩子,孩子就不会产生逆反心理,就不会再有悲剧发生了。

关于教育学生,还有一位伟大的教育家、哲学家值得我们学习,那就是苏格拉底。苏格拉底的父亲是一位著名的石雕师傅,在苏格拉底很小的时候,有一次他父亲正在雕刻一只石狮子,小苏格拉底观察了好一阵子,突然问父亲:"爸爸,怎样才能成为一个好的雕刻师呢?"父亲说,"以这只是狮子来说吧,我并不是在雕刻这只石狮子,我是在唤醒它。"

"唤醒?"苏格拉底不解地问。"是的,狮子本来就沉睡在石块中,我只是将它从石头监牢里解救出来而已。"父亲坚定地说。

受父亲的启发,苏格拉底后来成为一个伟大的教育家,他经常说:"我没有智慧，我只是智慧的接生婆。"他利用接生术将那个时代人们的心灵一次又一次从蒙昧状态中唤醒。

我们的学生，特别是我们认为成绩不好的学生，就是石块里面沉睡的狮子，我们应该唤醒孩子心灵深处的潜能和内在的力量，让孩子从蒙昧中醒来。

当有一天孩子感受到生命的激情与力量的时候，教育也就触及了其真正的本质 ——"唤醒"，这也正是用"心"进行教育的精髓与智慧之所在。

第五章 信息化背景下的教师与教学

信息化背景下，未来教师将如何发展？

2020 年必将成为教育信息化发展的一个重要时间节点。一场突如其来的新冠肺炎疫情将在线教育推向了大众视野，首次实现了线上教学对线下教学的总体替代。这是一场教育信息化教学素养提升的契机，更是一次未来教育的预演。

随着信息化的推进，传统的教学形式和师生关系都会发生重大变化。在这个大背景下，重新思考教师专业发展，对促进未来教师的角色转型，其意义非常重大。

世界的发展瞬息万变，教育也是如此，教师的发展也应该紧随时代发展的步伐，教师要拥有面对未来的远见与胸怀。

2018 年 4 月，教育部印发了《教育信息化 2.0 行动计划》，标志着我国教育信息化从 "1.0 时代" 迈进了 "2.0 时代"。与 1.0 时代相比，2.0 时代的教育系统内部各要素发生明显变化，面临转型升级。

什么是教育信息化 2.0 时代？这是相对于前 40 年我国教育信息化的发展路径特征而言的，这不仅仅是一个提法上的改变，而是面对新时代教育发展的新要求，教育信息化在发展理念、建设方式上的一次提升。

2017 年 11 月，教育部科学技术与信息化司司长雷朝滋在"第十七届中国教育信息化创新与发展论坛"上指出，十九大之前，可以称之为教育信息化 1.0，是初步探索阶段；下一阶段，要推动实施教育信息化 2.0 行动计划，以教育信息化全面推动教育现代化，开启智能时代教育的新征程。充分利用大数据、人工智能等现代化信息技术手段，改变传统教育模式，解决传统教育中存在的问题。

黑板、粉笔的传统教室已经逐渐成为过去，多媒体设备进入课堂，教学不再是一支粉笔、一块黑板，而是有了电子资源的补充。而现在，人工智能、云计算等技术的发展，让信息化走进了校园，原来科幻片中的"未来课堂"已经逐渐成为现实。

互联网蓬勃发展，职业迭代加速，未来社会人才要求倒逼教学内容的改变，面对全新的时代机遇与挑战，知识更新的速度要求教师不仅要加快学习的步伐，还要改变教育教学手段，教师这个职业正被赋予新的要求。想要在课堂上融合创新，人是重要的因素。微课、翻转课堂、平板电脑等这些新生事物最终能否变革课堂，效果如何，都离不开一线教师的认可、参与和创新。

教师传统的"内容知识 + 教学知识"的二元知识结构已经难以适应未来人才培养的要求。信息技术将成为新的要素，并与"内容知识 + 教学知识"日益融合，构成未来教师的基本知识框架。

从战略层面来看，教育信息化对教育现代化的作用从"带动"发展到"支撑引领"，重要性提升已经上升为国家战略。

从人才培养的社会需求来看，十九大以来，创新成为引领社会发展的第一动力，因此，学校教育需要着力培养富有创新精神和实践能力的各类创新型人才，而非原来强调基本知识、基本技能的标准化人才。

教育现代化，教师给孩子们的不只是新鲜的知识，还有一个多维的世界。现代教育不只是教育的信息化、数字化，还应当是一种有智慧的教育，它给教育带来的应该是更先进的教学方式和教育理念。

从深层次讲，教师专业发展的动力来源于教师对自身的职业认同感与幸福感。让教师的创造获得认同、劳动得到尊重、知识体现价值才能够有效激发教师的活力与潜能，促使其主动而持续地成长，而"互联网 +"正是这样一条理想路径。

莘县二中从 2014 年开始进行信息化教育教学模式的探索,最初的时间,致力于教师信息化观念的转变、教师信息化应用能力的提升,后来致力于教师用信息技术改变教育实践能力的提升。

通过六年的实践,信息化教学已经成为常态。"互联网+"激发了教师的活力与潜能,我们的尝试吸引了很多其他学校来参观学习,教育部准备推广我们的教育信息化模式。

以学校"一五三翻转课堂"模式下的常态课为例。在自主学习课上,学生通过平台利用电子书、微课及 PPT 进行自主学习,教师则利用平台将随堂测试题发送至学生,学生通过数字化的教与学平台将答案反馈给老师,通过平台,教师可即时得知学生的正答率。

在探究研习课上,教师通过指定点评、全体互评、分屏点赞等方式对学生的展示进行评价,并通过讨论探究等方式引导学生攻克难点。信息技术贯穿于整个课堂,体现了学校信息技术与课程教学深度融合的理念。

信息化手段融入整堂课,教师随机拍照上传学生的批注、随时获取学生小组合作学习的结果,每个人手里的平板终端都能够随时上传教师终端,一切都是那么自然,整个过程浑然天成。我们一起来看看信息化课堂上学生的感受:

我是一名莘县二中的高中学生,每天我在快乐中学习着。最初我的成绩中等,来到这所学校后,因为个性化教学,我的成绩发生着改变……

在这个专属于我的平板电脑里,有着各个学科的教学视频资源。这些视频都是教学精华内容,是我们老师自己录制上传的。有了这个平板电脑,就算我上课时不小心开了个小差,课后也能及时补漏。

在预习课上,我会把老师为我筛选的微课视频先预习几遍,并完成配套的作业;在课堂上,老师根据我作业的完成情况进行有针对性地讲解;在自习课上,我结合实际,有针对性地复习自己的薄弱学科,各学科老师都有微课讲解。这样,一个知识点我就可以反复学习。以前害怕的学科也被我攻克,成绩自然就上去了。

我要感谢学校,感谢信息化教学模式,培养了我的主动性,给了我更多的可能性……

那么作为老师呢？他们每天都在做什么？我们来看看：

我是莘县二中的一名普通教师，年轻有激情，并且热爱教育。我每天都在坚持的一件事就是用个性化精准教学。"

我对每天做的事情充满期待，把备好的教学素材录制成微课，将录制好的微课上传属于我的学科软件里。走入课堂后，我将硬盘轻轻插入到一体机上，让同学们通过大屏预习即将学习的内容，看完视频后孩子们就要开始紧张地预习作业了……

如果有学生预习作业效果不好怎么办？这个时候我就要开始我的面对面精讲了。如果还听不懂怎么办？那就在晚自习打开平板电脑再学习，从中找到对应的知识点就可以及时查漏补缺了！

别看这只是个小小的平板电脑，里面可是有我的教案、习题和教学PPT，想上传什么就上传什么，想删除哪里就删除哪里。如果学生还有不太明白的地方，他们可以在课堂上向我提出疑问，我们一起交流学习，直到他们真正弄懂知识点为止。

对我们老师而言，这样的教学模式相比于传统教学，我们有了更多的时间去做教学研究，可以让我站在名师的肩膀上前行，将更多精力放在跟学生的沟通交流上，放在学生们的学习动力激发上，学生们也由被动学习变为主动学习，成绩也越来越好了……

现代教育让学习者从被动接受知识向主动学习知识转变，把教育模式由"教为主"向"学为主"转变，实现个性化学习、差异化教学的智慧教育模式。

很多来我校参观的学校领导很羡慕这种领先的理念和教学方式，其实，学校最初推广的时候也是困难重重。

2014年，学校准备引进实施信息化理念时，有很多老师质疑，记得在一次培训后，一位老教师直接说"这种方式不行，浪费时间。"还有的老师担心自己的计算机水平不行，担心自己学不会，老师们进行了激烈的辩论。

但是，经过6年的尝试之后，老师们在教学中已经可以熟练应用信息技术了，更多教师还深入探索了信息技术支持的新课堂变革。

当然，除了观念上推动以外，还需要学校实时为教师提供技术支持。一所学校教育信息化发展的过程始终伴随着对教师专业发展的重视。信息化不仅是为了提升课堂效率、减轻教师压力、兼顾科研需求，当然也为教师有更多的时间用来学习和提升自己。

我们之所以选用平板电脑，对于学生的设备最基本的要求是必须具备可交互性、可联网，以及可控，所以平板电脑是优于手机的。通过平板电脑尝试实现教改追求的目标——"规模个性化"的教学。

毫无疑问，每次新生入学都会面临很多难题，家长的质疑和担忧，我们都要反复做思想工作，告诉家长更重要的是通过信息技术课程的教育，引导学生正确使用信息技术，以适应未来社会的需求和发展。

平板电脑教改推动六年以来，最突出的变化是更新和改变了教师的教学观念，让老师更多地关注到学生。观念和态度转变之后，老师的教学方法自然而然就多样化了，这也回到了教改的初衷。

除此之外，信息化技术让课堂活了。无论是观摩课还是常态课，课堂都"动"起来了。师生的互动明显增多，不仅仅是教师能及时掌握学生的学情，对课堂节奏进行调整，更多的是提升学生的积极性，让学生愿意去表达，学会去表达。

这样的课堂摒弃了传统的粉笔与黑板，强化了教师与学生、学生与学生之间的学习互动，支持更为开放的情景式、探究式教学，鼓励小组合作学习，并通过移动终端加强了教师和学生的实时交流与课堂反馈，推动了教学效果的提高。

未来，知识的传授即便不是完全没有意义，也将不再是教育的重点，教师终身学习将会是常态，因循守旧将会被淘汰，教师应顺应时代潮流，成为培养时代新人的教师，我们既要面向未来，又要回望历史。

我们要从孔子、苏格拉底、苏霍姆林斯基等教育家身上学习，摆脱灌输知识的角色定位，回归教育的最终目的——育人。注重学生的内在价值，用心塑造学生的美好品格，以爱育爱、以情育情，通过积极美好的情感体验，帮助学生实现完整的生命成长。

教育信息化带给教师哪些机遇与挑战？

随着信息技术的迅速发展和互联网的普及，"互联网+"教育逐步开始成为教育发展的必然趋势。而在特殊的疫情期间，更是加速了这一教育模式的发展。"互联网+"教育打破了传统的教学模式，让以往的一所学校、一位老师、一间教室变成了一张网、一个移动终端，连接几百万学生的新模式将学习场景从线下延伸到线上。

对于这种快速发展的"互联网+"教育，又会给教师职业带来哪些机遇和挑战？面对挑战，又该如何应战呢？看看我校老师怎么说。

信息技术为我的语文课插上了飞翔的翅膀

莘县第二中学　张灵芝

明代董其昌《画旨》中言"读万卷书，行万里路，胸中脱去尘浊，自然丘壑内营"。今人说"读万卷书不如行万里路，行万里路不如阅人无数，阅人无数不如名师指路，名师指路不如跟随成功者的脚步。"非常有幸在我的第一段职业生涯中遇到了闫淑青老师，她让我从浅层次语文教学的境界升级到了大语文观，让我领悟到了教文之外更深远的教育情怀；也特别感谢我的第二段职业生涯，让我遇到了二中，遇到了走在改革前沿的周校长，结识了"一五三"翻转课堂教学模式，从此我的语文课堂就有了飞翔的翅膀。

语文课程标准提出："语文课程应植根于现实，面向世界，面向未来。应拓宽语文学习和运用的领域，注重跨学科的学习和现代化科技手段的运用，应当密切关注当代社会信息化的进程，推动语文课程的变革和发展。"我们常说，未来是一个信息化的社会，是一个高新技术迅猛发展的社会。这就意味着信息量大增、信息交换手段高度发展,计算机智能化和网络化成为必然的趋势。

在信息化的大背景下,围绕着"为每个学生提供适合的教育"这一办学理念,我校已经建设并逐步完善了基于信息技术平台的校园文化体系,这让信息技术优化我们的课堂成为现实,目前基于教与学平台的"一五三"翻转课堂教学模式在我校实施已经卓有成效。

2017 年 12 月,我讲了一节《念奴娇·赤壁怀古》,这是一首经典的怀古词。"一字未宜忽,语语悟其神。唯文通彼此,譬如梁与津。"这是精读的基本规则,学习中国古典诗歌尤其要遵守这个规则—— 咬文嚼字,含英咀华,体会底里,经过对作品文字的细读、感悟、体验,达到深入作品意境、与作者相知相亲的程度。

这节课我就完美地借力教与学平台、学生平板电脑,师生密切合作,一步步走进作品,乃至于走进诗人的灵魂深处。

第一步:课堂起步于课前预习、集体诵读以及课前预习评测,初步感知作品概貌。教与学平台上完成预习评测,后台的大数据分析可以帮助老师迅速地判断出学生的疑难在哪里,是谁有疑难,然后在课堂新授前的几分钟,教师根据后台数据有针对性地点拨学生遇到的疑难问题。

第二步:以截取组合的火烧赤壁视频导入,还原赤壁之战的真实场景,立体感强,激发学生随苏轼去找寻赤壁战场、追怀英雄豪杰的探索精神。这是给鉴赏教学做出的基本定位,避免四面出击,浪费时间。

第三步:围绕描写壮景来赏析上片,咬文嚼字,从炼字的角度感悟苏轼笔下的壮丽景色,结合背景音乐,引导学生用声音读出壮丽,感受美景,从而自然而然联想到壮景背后的三国背景。

第四步:转入下片,先由学生分析周瑜在词中的形象,完成教师设计的周瑜和苏轼形象对比的表格,然后利用教学平台的拍照功能上传学生答案,分屏展示,从书写角度和内容分析两个角度来评价学生的答案,既培养了学生良好的书写习惯,又深化了对文章内容的理解。此处对比是全词鉴赏焦点,为突破全篇难点铺设了一个非常好的台阶。

第五步:表格中年龄的对比、婚姻生活的对比、外貌的对比、事业的对比,衬托出苏轼无奈、失败的一生,此时通过 PPT 展示苏轼写给亡妻的词《江城子》中词句："十年生死两茫茫，不思量，自难忘。千里孤坟，远处话凄凉。"以及他晚年评价自己的《自题金山画像》一诗中的句子："心似已灰之木，身若不系之舟。问汝平生功业，黄州、惠州、儋州"。让学生进一步走进了苏轼的内心，深刻体味到了他壮志未酬、报国无门的无奈。然后师生共同回忆曾经学过的他的名篇《赤壁赋》，再进一步体会他高于一般人的寄情于山水的旷达。

此时全课的高潮呼之欲出，我适时的配乐引出林语堂先生在《苏东坡突围》里对他的评价："九百多年前的一天，苏轼从监狱里走出来，被人押解着，远离亲眷，带着疲惫屈辱，带着累累伤痕，来到了当时偏僻、荒凉的黄州，来到了赤壁，展开了与赤壁的一场继往开来的壮丽对话，完成了他精神上的涅槃，走向了思想上的成熟。这一切，使苏东坡经历了一次整体意义上的脱胎换骨，也使他的艺术才情获得了一次蒸馏和升华。他，真正地成熟了——与古往今来许多大家一样，成熟于一场灾难之后，成熟于灭寂后的再生，成熟于穷乡僻壤，成熟于几乎没有人在他身边的时刻——成熟是一种明亮而不刺眼的光辉，一种圆润而不腻耳的音响，一种不再需要对别人察言观色的从容，一种终于停止向周围申诉求告的大气，一种不理会哄闹的微笑，一种洗刷了偏激的淡漠，一种无须声张的厚实，一种并不陡峭的高度，勃郁的豪情发过了酵，尖利的山风收住了劲，湍急的细流汇成了湖。"使大家对于苏轼在词中所表现的豪放情怀有了进一步的正确认识。

整堂课的课堂活动由于教与学平台的使用，大大提高了课堂效率。例如贯穿课堂始终的利用平台举手、抢答等方式，不仅激发了学生表现的积极性，还为课堂上小组评价和个人评价提供了很好的工具。课堂结束时，老师利用PPT把优胜小组送上王座，又让学生利用平台投票选出最佳表现学生。小组排名，个人投票，大数据屏幕显示，让学生直观地看到自己本堂课的表现，从而促使他们下堂课努力修正自己的行为。

新的时代，信息技术助力二中课堂改革，让我们每一位教师能够借力最先进的武器优化我们的课堂，让我们的每一位学生提高成绩的同时，又拓宽了新时代信息化视野。当然对于信息技术更完美地在课堂中的应用以及和各学科更亲密地贴合，有待于各位同仁的进一步研究、探讨，并不断地实践。路漫漫其修远兮，吾将上下而求索。

信息技术的应用加快了我的专业成长与发展

莘县第二中学 邵玉元

十几年来，莘县第二中学一直在探索适合自身发展的教育教学模式，与此同时也在不断地根据时代发展积极在学校引进先进的信息技术，信息技术的应用不断在优化课堂教学模式，提高课堂教学效率，促进教师专业成长与发展等方面发挥了很重要的作用。在第五届校园好方案评选活动中以"构建智慧课堂 促进个性化学校"荣获"2018智慧校园优秀示范校"荣誉称号。随着学校信息技术在课堂中的应用与深化，也加快了我的专业成长与发展。

较之一节课、一块黑板、数根粉笔的传统教学模式，信息技术的应用加快转变了我的教育教学模式和观念。

在传统教学模式下，教师是课堂的主体、中心，一堂课下来，教师讲得唾液横飞、口干舌燥，总感觉要不把自己掌握的内容教给学生就是对学生的不负责任，教师教得很卖力，学生听得很费力，既要听课又要做记录，有时只要一走神就跟不上老师讲课的节奏；一堂课下来，内容写了几黑板，满身都是粉笔末。而随着信息技术在课堂中的运用则有效避免了传统课堂的一些弊端，教师不再是课堂的主体、中心，而是课堂的主导，起着课堂导向的作用；教师通过多媒体展示教授内容，教师讲得少，那么学生就会说得多，课堂教学更加突出学生的作用，学生是课堂的主人；教师只要把本节课的知识要点板书在黑板上就行了，可以把更多的时间放在重点知识的精讲上、练习上，学生也不用边听课边记笔记，用平板电脑把自己需要的内容拍一下储存起来就可以了；多媒体技术可以增加传统课堂无法实现的丰富的文字、视频和图片材料，为课堂教学注入活力，提高学生的课堂关注力，对学生的思维起着引导和培育作用，一堂课下来，教师不会显得那么累，学生也会在积极参与中紧张愉快地度过一节课。教师上课用的课件在平台发布后就会保留在平台上，学生需要时只要登录平台就能看到。当然传统教学模式与现代教学模式都有自身的优缺点，但信息技术的应用使我的教育教学模式和观念发生了根本转变，不在墨守成规,积极探索信息技术在课堂教学中的作用。

一、及时了解学情,使自己的备课内容更具有针对性,课堂教学更加有的放矢。

自从学校使用一体机,安装了有关教学平台后,更加使我的教学得心应手。我校的教学模式以尊重学生学习主体地位为前提,以现代教育信息技术为手段,在课堂交流展示前先让学生自主预习,填写自主学习任务单。在预习课上,教师安排好任务,学生在预习中遇到不能解决的问题,可以把疑难问题发到教学平台上的本班讨论答疑功能区,另外教师在作业中心功能区发布预习自测,学生预习完后在线提交答案。教师上课前根据学生在预习中出现较多的疑难问题和预习自测答案的错误率较高的题目作为课堂中重点讨论或者精讲的内容,同时通过信息技术,把比较抽象的概念或者难以理解的知识生动地化抽象为具体、化难为易,这样就会使自己的课堂教学层次分明、重难点突出、生动形象,使自己的课堂教学有的放矢,从而提高了课堂的实效性。

二、教师成为学生学习的组织者、引导者和促进者,提高了自身驾驭课堂的能力。

现代课堂教学突出学生的主体地位,教师的主导作用。一个高质量的教学设计,是课堂成功的一半,教师要在教学设计中突出学生在课堂学习中的主体地位,问题和活动的设计要让学生在课堂上充分行动起来,那么,要想让学生在课堂上充分行动起来,使课堂教学灵动起来,就需要发挥信息技术的作用,通过多媒体等手段把问题和活动设计充分展现在学生面前。好的教学设计离不开课堂导入,导入是课堂教学很关键的一环,通过多媒体展示图片或者视频等材料,加上教师精心的讲解,就会把学生带入一种积极、高涨的情绪氛围中进行思考与学习,使学生瞬间明确这节课的主体内容是什么。比如在讲解高中思想政治必修三《法治政府》这一课时,结合我县实际,根据县政府等有关部门在顺河公园打造的以法治文化为主题的公园拍了一些照片,并把拍下来的图片制作成视频,配上悦耳动听的音乐,通过多媒体播放,极大地吸引了学生的注意力。通过学生熟悉的材料情景导入新课,能引起学生对新知的探究欲望。一堂课的重点是学生知识的生成及运用所学知识解决现实中的问题。因此,学生之间的合作互学是课堂教学中一个必不可少的环节,通过合作互学达成知识的生成,同时运用刚学习到的知识解决现实中的问题。而每个小组的合作互学成果则可以通过平板电脑拍照上传到教学平台上,各小组成果一目了然。教师可以通过查看各小组提交的成果对各小组进行评价,及时掌握学生对本课知识的把握程度,为下一步的教学方向提供依据。这样,可以在课堂上结合课堂反馈精心组织教学,为学生学习提供有效的指导、引领和帮助,提高了自身驾驭课堂的能力。

三、通过信息技术的应用实现对学生评价和自我评价。

对学生的评价方式有很多,可以通过言语、表情、行为等方式来实现,在这里,通过信息技术的应用,借助教学平台,还可以通过相关功能很好地实现学生之间的相互评价,课堂结束后实现对每位学生的评价,从而使课堂评价更加公平、有效。教师自我评价是实现教师专业成长发展的重要举措。教师的自我评价内容有很多,而课堂实效与自己对课堂的预期目标和理想是否相符合应是教师自我评价的主要内容。在我的课堂教学中,借助教学平台可以实时监测学生课堂参与情况,结合学生提交的答案及时了解学生对本课知识的掌握情况。课堂教学结束后,可以通过对平台数据的分析评价,自我对课堂教学过程的反思,实现自我评价。

随着时代与科技的进步,信息技术将会与课堂教学越来越融合,将越来越成为教师教书育人的好助手,也会越来越在帮助教师专业快速成长发展中发挥着重要作用。结合我的实际,正是我校在信息技术方面的先进理念和实践,正是应用信息化教学,使我在教育教学方面的能力不断增强,加快了我的专业成长与发展。当然,在使用信息化教学的过程中会出现这样那样的问题,但这些问题的不断解决反而会加快我的专业成长。在信息化教学的道路上我将不断学习、不断实践、不断探索,从而实现我的专业快速发展。

运用信息技术优化课堂教学

莘县第二中学　李金朋

一、信息技术对教学优化的主要表现

1. 利用信息技术营造良好的学习氛围，激发创新思维。

培养学生的创新思维，不仅要在课堂上创设一种平等、民主、和谐、宽松的氛围，还要以积极的态度和发展的眼光去看待学生，相信每个学生都有巨大的发展潜能，同时要根据教学内容寻求一种最能激发学生兴趣并最易于他们接受的教学方式，这样才能使学生产生不怕错误、敢于求异的良好的学习心理，孩子的创造思维火花才能迸发出来。国内外大量的实践证明，在一定的音乐氛围中进行学习能收到明显的学习效果。教学中，根据这一原则在多媒体课件中配上适当的音乐，让学生在轻松愉快的气氛中学习，既促进了学生的思维想象，又提高了学习的效率。

2. 刺激学习需求，激发学习兴趣。

青少年的学习兴趣对激发他们的学习动机、调动学习积极性起决定作用。一旦激发了他们的学习兴趣，就能唤起他们的探索精神和求知欲望。我校的信息化平台功能强大，像随机点名、电子抢答、推送屏幕以及讨论答疑、收集文件等，很好地实现了师生互动、生生互动，比如老师上课可以采用电子抢答的方式刺激学生，使学生保持良好的学习兴趣。

3. 节约上课时间，提高学习效率。

在我们原有的教学中，老师的板书、教具的演示和教学挂图的张贴等，往往占用了一节课中不少的时间。在自习课上，教师可以给学生推送微课，可以把知识的形成过程直观、生动和便捷地展示在学生的平板电脑上。学生可以通过反复观看微课解决学习中的重点和难点问题，并且可以在互动讨论区和老师以及学生进行线上的互动讨论，当堂解答存在的疑惑。我们发现通过教与学平台，学生很容易理解几何问题，并且教学的时间也比传统的教学方法节省了许多,从而使课堂中更多的学生有回答问题的机会。同时,老师还可以根据实际情况补充一些教学内容,丰富学生的知识,给学生更多的表现机会,增强学生的学习自信心。

4. 运用信息技术,体现"学生是学习的主体"。

"学生是学习的主体"早已成为广大教育工作者的共识,而运用信息技术更能体现出学生是学习的主体,可以让学生有更多的参与机会和参与行为。研究性学习就给学生提供了这样的平台。我校的研究性学习课程,课题小组一般由研究兴趣相近的学生自愿组成,每组 6 ~ 10 人不等。为了尊重学生的个体差异,也鼓励少数基础较好的同学独立进行研究。在研究问题的过程中,各小组制定研究计划、讨论研究方案、分配研究任务,通过各种媒介如光盘、书籍尤其是网络收集整理资料。由于学生的主体地位突出,自己拿出明确的学习目标,有积极的学习态度,能对学习进行自我调控,而且能在教师的帮助指导下,独立地感知、学习、理解和提高,把书本知识变成自己的精神财富,促进了自身的创新思维能力。最后制作出学生微课,以此作为自己的研究成果。学生的作品充分体现了自己的个性,而制作微课的过程本身又是一次综合素质全面展示的过程,这不仅培养了学生搜集、整理信息的能力,培养了团结协作精神,还能通过优势互补促进全体学生智力的发展,真正使学生成为学习的主人。

5. 利用信息化教学,激发学生在想象中创新。

要培养思维的独创性,首先要培养学生的想象力。教师可利用现代教育技术的多种手段激发学生丰富的想象力。例如,在数学教学新内容的引入时,可以通过媒体播放生动有趣的生活场景,让学生先想象,各抒己见,给予他们充分的想象空间,最后通过归纳再下结论。教师还应多角度地培养学生的想象能力,引导学生从各个方面去思考问题。

二、运用信息技术进行教学要注意的问题

1. 不应过分强调中看不中用的、形式上的内容。如一些不恰当的动画等,在使用中容易分散学生的注意力,结果达不到预期效果。课件的制作和使用应以实现最终教学目的为宗旨,避免出现重形式、轻内容的不良现象。

2. 不应重机器、轻教师,不能不分课程内容,过分依赖媒体技术。不应僵化地使用现代化媒体,忽视教师作为教学活动的主导作用,甚至教师成为现代媒体课件的播放员,学生成为缺乏活力的观众,课件成了简单的电子讲稿。在整个教学过程中,教师的主导性和学生的主体性地位是不应丧失的。

3. 任何教学手段都不是万能的,它只是教师进行教学活动的一种辅助手段,本身都有一定的局限性。如在教学实践中发现:白天进行多媒体教学的教室环境较暗,学生做课堂笔记记录困难;课堂信息量大、速度快,基础薄弱的学生学习吃力;若教师教学组织不当,学生会感觉单调、视觉疲劳,等等。

三、几点建议

1. 教师应尽可能地掌握信息化技术,这是运用信息技术进行教学的基础。

2. 教学应遵循学生为主体、教师为主导的原则。应用信息技术教学其目的就是提高教学效率,提高学生学习效果,所以应以学生理解和掌握知识为目的。

3. 不仅仅是教学设备现代化,更重要的是教学观念的现代化。所以必须不断学习新概念、新知识,不断提高自身现代化教育素养。

4. 认真研究如何高效地组织课堂教学,把信息化技术与传统教学手段合理整合,并有效地进行课后答疑和研究多媒体条件下的考试、考核方式等。

5. 针对不同的内容,采取恰当的现代化教学方式。

凝固在信息平台中的教育智慧

——教与学平台的使用心得

莘县第二中学 吴晓栋

我于 2016 年进入教育行业,此时,距我高中毕业已经十三年了。我印象中的高中教学,或者说学生视角中的高中教学,还停留在十几年前,还是老一套的学习方式,老师迅速地讲一遍课本,补充一些知识点,接下来就是无休止地做题、改正、反思,循环往复。当我接触到现在的数学教学方式时,我发现变化是真的很大,包括在教学思想、教学过程、教学方法等方方面面的变化。

任何变革都是脱离不了时代背景的，没有无缘无故的变化。事实上，我们可以清楚地看到改革开放几十年来，整个社会都发生了巨大的变革。教育作为社会中的一个重要方面，也随之产生了重大的变革。包括思想方面、技术方面，等等。随着信息技术的广泛应用，信息化教学也已经深入到教学的各个方面。我们莘县第二中学对于信息技术的应用更是走在了全市乃至于全国的前列，在教学的各个环节都积累了很多的经验。学校的这些优势，对于刚刚踏入教育行业的我来说，反而变成了压力。因为我既需要熟悉学科知识，又必须迅速适应信息化的教学手段、教学方式。幸运的是，我遇到了一群团结负责的数学老师，在他们毫无保留的帮助下，我度过了最艰难的开始阶段，并逐渐适应了起来。

但是新的问题慢慢出现了。我们学校与很多教育资源网站合作，所以我们可以很方便地找到大量的教学资源，如课件、微课、教案、习题，等等。一开始，这些让我感到非常的新鲜，而且我也喜欢收集资料，所以我把大量的时间都投入到下载资料中去了。但是在使用的过程中，却逐渐发现占有资源不等于拥有资源。这些课件、微课、习题等资源，并不能直接应用到教学过程中去，还要针对学生的特点进行适当地修正。所以看似快捷的操作，实则需要在后续花费大量的时间进行调整和准备，才能真正地应用。

我也慢慢体会到，在教育上要想一劳永逸地解决一些问题，往往会适得其反。与此同时，我也逐渐适应了我们学校的教与学平台，并慢慢将其应用到教学过程中。我惊讶地发现，我所遇到的问题已经有了很好的解决方案。我们学校的教与学平台上面的本校资源中，已经经过我们学校老师辛苦修改，很好地适应了我们学校学生的特点，简直可以直接拿来使用。我又体会到一个团结的团队、一个完善的信息技术平台，确实在某些方面可以实现"一劳永逸"。

真正步入教育行业，走上讲台传授知识后，我又发现一个很奇怪的现象：我总感觉课堂上时间过得很快，往往还没有讲什么知识，一节课就过去了。这和我当时上学时的感受完全相反，这到底是怎么回事？后来通过自己的反思和对老教师的请教，我才意识到，自己讲得过多，同时需要提升教学效率。

那么如何才能提升教学效率呢，这又成为困扰我的一个问题。我慢慢将注意力聚焦到一个课堂上比较浪费时间的环节,数学离不开训练,训练后的反馈点拨更是关键。但是如何准确迅速地收集学生的反馈信息,成了一个难点。随着学校的听课安排,我在听课的时候仔细观察老教师们如何解决这个难题,我发现我的问题又早已经被解决了。教与学平台上可以快捷地将需要训练的题目发送到学生端平板电脑上,学生的训练情况可以迅速地反馈回来,并且形成图表,哪个题目掌握得好,哪个题目掌握得不好,一目了然,可以直接有针对性地进行讲解,省去了询问学生的环节,并且可以保证反馈的真实性。这样真是大大提升了讲课效率,节约了大量的时间。慢慢的,在熟练使用平台后,我感觉课堂时间"宽裕"了起来。

当然,真正的信息平台功能还有很多很多。因为这个教与学平台是我们学校专门与软件公司合作,不断迭代开发出来的。老师在使用中有什么想法,有什么困惑,都会被收集起来进行探讨、进行研究,在形成解决方案后,整合到平台软件中,形成平台中的一个个功能。

作为一名新教师,我在教学中不断感受到困惑,又在教学实践中妥善解决,并整合到平台的功能中去。我所做的就是在使用平台的过程中反思设置平台功能的目的,这个功能解决了教学过程中的哪些问题,这样就可以迅速地让我走过老教师们曾经经历的困惑,吸取他们研究出的解决方案,变成自己的经验。这也是我在信息化教学的使用过程中发现的一条捷径吧!

信息技术如何服务于教育教学?

随着我校信息技术的不断发展和完善,我校信息技术在课堂中的应用逐渐成熟,我校教师应加强学习,充分利用新时代的产物——信息化技术,提高课堂效率,为学生的学习和发展提供丰富的教育环境。

信息技术与教学整合是指在课程的学习活动中,使用信息技术,在教学过程中将文字、图形、数字、声音、图像等和课程内容、任务有机结合,从而更好地完成课程教学任务的一种教学方式。信息化教学手段是未来教育发展的必然趋势和重要内容,它为创新教育提供了环境和保障,为人才培养提供了条件和途径,更好地服务于教育与教学。

高中数学信息化课堂的实践和思考

莘县第二中学 张安锋

随着"互联网+"技术的迅猛发展,网络技术正逐渐普及到社会各个方面,并开始广泛应用于各个领域,教育也因此产生了巨大的变化。在信息化迅速发展引发的万物互联互通的背景下,促进信息技术与各学科教学的融合逐渐成为教育改革的必然趋势。

信息化教学氛围日渐浓厚的环境,印证着实现高中教学资源的多样化、重难点知识的针对性突破、课堂活动的多样化、评价与反馈的及时有效,无疑有利于高中教学效率的提高、有利于全面培养且提升学生的学科核心素养。在我校十余年的信息化课堂改革背景下,结合本人数学一线教学的经历,我将从教学实践的各个阶段浅谈自己的做法和体会,希望起到抛砖引玉的效果。

在莘县二中信息化课堂的发展过程中，我执教的课题《函数的奇偶性》教学设计的生成也可谓一波三折。本节课的教学设计经历了课改过程中初步探索的"结合阶段"，磨合提升的"整合阶段"，以及目前的突出学科特点、彰显个性化学习、学科教学与信息技术进一步相融的"融合阶段"。

结合阶段。在"一五三"教学模式刚开始实施的时候，出现照搬、照抄、照演练、各学科一个模式进行的现象，此阶段忽略了"以学定教"的基本原则，导致教学环节僵硬，环节过度生硬、呆板、不自然；时而发生为了模式而脱离实际课堂的情形，未突出数学学科特点。除此之外，信息技术和教材的整合还不是很融洽，有为用技术而用技术之嫌，数字化教学平台的许多功能未得到充分利用，教学效果未得到有效的提升。

整合阶段。在历经结合阶段的种种不适应之后，我们勇敢打破了模式下的条条框框、教条主义，摒弃了大一统的思想。在教学中有意识地逐步凸显数学学科特点，灵活掌握，随时互动。由此带来的效果显而易见，教学由生硬转向灵活，小组成员的分工更明确、细致，学生自主或合作学习的组织更有序、更高效。信息技术与教材的整合使用有了进一步的提升，电子抢答、随机点名、随堂检测、小组加分等功能均得到使用，并加强了信息技术辅助教学功能的运用。

处于探索层次的"结合阶段"与"整合阶段"存在的问题比较明显，比如在最初的结合阶段，课堂上老师讲的重点内容或学生讲解的精彩解题方法不能及时保留下来；在整合阶段，又对学生之间的个性差异未能进行有效的关注。因此，基于以上的状况，由此探索开辟出第三阶段，即"融合阶段"。

融合阶段。在《函数的奇偶性》教学设计上大胆创新了"一五三"教学模式，更加注重学科特点和个性化差异，重视问题情景式教学。对知识点的处理采用了知识问题化，问题形象化、阶梯化、可视化、动态化的思路，运用信息技术手段进行线上线下双师学习，让学生循序渐进地感知知识产生的来龙去脉，潜移默化中让学生体验到知识之间的内在联系。值得一提的是，引入二维码的使用进一步激发了学生的探究兴趣。

另外，在课前自主学习、课中探究研习、课后巩固练习三大环节中合理运用微课辅助教学，有效地促进了学生的学习。具体措施：课前，教师将学习内容的重难点制作成一级微课，供学生课前灵活自学；课中，教师即时动态生成二级微课，供学生课后复习，弥补课堂学习中存在的缺漏；课后，以"小导师制"方式选取优秀学生制作三级微课，供程度偏弱的学生再学习，且使制作者更深刻地理解问题。多渠道，多切入点引导学生积极参与探究。通过自主学习、小组合作交流、学生和多媒体的双向交流很好地获得了预期的学习效果，圆满完成本堂课的学习任务。

结合课堂信息化推进改革的三个阶段，我们发现信息化教学相对于传统教学有着无可比拟的优势。传统教学模式突出了教师主导作用的发挥，有利于教师对课堂教学的组织、管理与控制。但缺点是忽略学生的主动性、创造性，不把学生的认知主体作用很好地体现出来。过多强调学生的任务就是要消化、理解教师讲授的内容，把学生当作灌输的对象、外部刺激的接收器、前人知识经验的存储器，忘记了学生是有主观能动性的、有创造性思维的活生生的人。

信息化教学课堂优点不言而喻。这样一种创新的课堂模式很好地解决了传统教学的弊端。

首先，信息化教学充分利用了计算机、互联网等现代教学媒体的优势，信息源丰富、知识量大、有利于环境的创设，传统教学媒体不可与其同日而语。信息化教学调动了更多的教学媒体、信息资源，构建了一个信息量大、知识丰富的学习环境。

其次，计算机交互性、多媒体特性、超文本特性的特点，更容易创建情景式的教学环境，进而提高学生的学习积极性，让学生主动去探索知识，而不再是被动地接受知识信息。有利于因材施教，这样进一步突出了个性化学习。

最后，信息化环境下的课堂，教师成为课堂教学的组织者、指导者、学生建构意义的帮助者、促进者，而不是知识的灌输者和课堂的主宰，有利于学生培养创新精神和信息能力。

对于信息化教学，我们也不得不指出的是，信息化教学对教师素质的要求更高。如果教师在操控信息技术的能力上欠佳，对课堂上突变的情况准备不足或随机应变能力稍差时，就有可能导致课堂秩序失控，出现教学过程难以进行的局面。在信息化教学模式中，教师作为课堂调度者的地位有所上升。

在信息获取的过程中,教师的主要作用不是直接提供信息,而是培养学生自身获取知识的能力,指导他们的学习探索活动,因此,教师在教学中的控制支配地位明显地降低了,学生探索性学习的自由空间则更加广阔。

基于语文学科的三级微课设计理论建设

莘县第二中学　张灵芝

所谓三级微课,是我校信息技术和课程深度融合教学改革探索与实践的产物,它主要依据微课录制的时间节点,把微课类型分为课前微课,课中微课和课后微课。

三级微课的设定在一定程度上把学习的主动权真正地还给学生,有效地培养了学生自主学习能力,同时还满足了不同层次学生的学习需求。

第一,课前激趣类微课。

利用相关故事、历史传说、典故、紧扣时代的相关报道、学生比较熟悉的生活现象等制作成自主学习课上使用的微课,以激发学生探究的兴趣。

以葛庆龙老师设计的《动物游戏之谜》(人教版教材必修三第四单元第一课)这节一级微课为例,在设计自主学习教案时,葛老师充分考虑到学生对于学习说明文的兴趣点比较低,沉下心来细读课文的积极性不够高的实际情况,设计了幽默有趣的《你怎么了?》的一级微课,微课中借助生活中猫咪自己玩耍的视频加上老师逗趣的发问,引发学生思考:你认为视频中猫咪的行为是属于文章中介绍的哪一类游戏?

生活中可爱的猫咪自顾玩耍的镜头就这样轻松愉快地引发了学生内心深处探索的欲望。是啊,生活中如此常见的现象,自己可能从来就没有过深入思考,于是学生自然而然带着探究的心态认真探究课文。而这种紧密联系生活的微课设计会让学生觉得学习其实就是观察自己的生活,感受自己的生活,思考自己的生活。这样充满生活化、趣味化的简单却又巧妙的设计还能进一步激发学生在课后继续做相关调查、学习的欲望和兴趣。

第二,重难点类微课。

预设一篇课文中学生可能遇到的重点、难点,制作成微课,以分散课堂重难点,降低学习难度。

一堂课成功与否,如何突出重点、突破难点是重中之重。教学重点就是学生必须掌握的基础知识与基本技能,是基本概念、基本规律及由内容所反映的思想方法,也可以称之为学科教学的核心知识。教学的难点是指学生难以理解的知识,或不易掌握的技能。

教师在课前根据自己对课标的理解,对本堂课的教学目标的研究,提前把学习重点或者预设的难以理解的知识、不易掌握的技能,提前做成微课,利用微课把理论问题生活化,抽象问题形象化,复杂问题简单化。

学生在自主学习课上利用微课自主学习掌握重点或者进一步筛选出通过自主学习依然难以理解的知识或不易掌握的技能技巧,从而帮助老师及时调整课程内容。

利用微课课前进行重点知识的处理可以让课堂教学重点分散,既让学生易于接受,又减轻了学生负担;课中活动的难点问题也是真正来自学生,这样既能够提高课堂效率,也易于激发学生探究的兴趣。这正是教学艺术性之所在。

以教学《荷塘月色》为例,根据对课标和教学目标的理解,我预设本节课的重难点是通感手法的使用,于是在课前录制了《感觉的"乾坤大挪移"——文学艺术中的"通感"》的微课,在自主学习课前利用教与学平台教师端发布给学生,同时插入到创客教材《荷塘月色》相应的位置,以供学生在自主学习课上自主学习使用。

它代替了老师枯燥的讲解,通过影视结合的手法、生活串联的素材,让学生在兴趣盎然中了解了"通感"的本质特点,学生还可以反复观看,不断加深理解。

再比如设计《语言的演变》中"探究学习"这个环节时,完成情感目标是个难点。如果仅仅靠老师点拨让同学们热爱祖国语言文字的情感高涨,会让学生觉得很苍白,于是我借助一段新闻(因为新闻比较权威,学生比较容易接受其中的观点),把与本堂课信息无关的部分剪辑掉,加入这样的画外音："一个民族没有了自己的语言,这个民族就彻底消亡了,汉语是中国文化的符号。哲学家海德格尔说,它是人类存在的精神家园。继承和发扬中华优秀的语言和文化,维护语言的纯净,规范使用语言是我们义不容辞的责任。"这样难点比传统的方法更容易突破。

第三,导入类微课。

好的开始是成功的一半。课堂伊始,如何快速营造课堂环境,铺垫学生积极探索的心理期待至关重要。

例如,我在2017年教授《蜀道难》这一课时,恰逢2017年四川九寨沟发生7.0级地震之后不久,于是我把山体滑坡的视频、美丽的九寨沟发生地震前后的对比视频制作成微课,配上低缓的音乐,在上课开始的时候播放给学生,然后PPT出示蜡烛图片,教师和学生们一起闭上眼睛静默一分钟为灾区人民祈祷,进而导入课堂。

今时,发生在四川的灾难更容易引起同学们内心的悲悯共鸣,联想到古人开辟蜀道之艰难。这样的微课既能让同学们把目光从书本中投向社会、投向自然界,真实地感受大自然的力量,也能够激发他们走进课本、研读文本的欲望,还能够帮助他们进一步理解李白诗中复杂的情感。

这样的微课式课堂开场白来源于生活,比仅仅用语言导入更让课堂有仪式感,仪式感的课堂会让他们滋生敬重之心。

1.一级微课。

一级微课的概念比较宽泛,"一级"主要是针对它的制作时间而言的,而它具体是在自主学习课上使用,或是在新授课上使用,抑或是在自读课文前使用,还是在突破难点的时候使用,要根据学习需要来安排。

2.二级微课。

二级微课是指在课中活动过程中,学生展示、教师点拨等环节新生成的课堂重点、难点或者是学生展示精妙之处的微视频。

课中活动过程中产生的重点与难点,一般是某个知识点比较抽象,不易理解或知识面广而深的问题;有的则是知识内容相近、相似而容易引起学生学习过程中出现混淆的问题;或者是由于学生年龄、生活阅历、思维能力与模式、知识水平等内外因素的局限导致所学内容难以被理解的问题。在自主学习之后,合作探究过程中,可能会激发出更多的思维火花,也可能会发现很多容易混淆之处,应用困难之点。

这个时候我们可以利用课堂录制小工具,把展示点评过程中学生清晰的思路,点评的精妙之处,或者老师的典型点拨等即时录制下来,或者课后复原下来,这就形成了二级微课,它可以上传到教室智慧平台供学有所需的学生在课后反复学习领会。这样就丰富了课堂上学有所困的学生课下仍然有反复琢磨直到学懂、学透为止的合适的工具依赖。

(三)三级微课。

三级微课产生于课后,来源于学生。一堂课结束,所有的学生全部掌握或者所有的课堂问题全部被解决只能是美好的理论假设。所以根据课堂反馈情况,可以找思维活跃、理解力较好的同学经过充分讨论后,把课堂上遗留的问题进一步录制成微课,上传至平台,以供需要的同学下载使用。

对于学生而言,微课能使学生自主学习获得较佳效果,能更好地满足学生对不同学科知识点的个性化学习、按需选择学习;它既能帮助学生查缺补漏,又能帮助学生强化、巩固知识,是传统课堂学习的一种重要补充和拓展资源;同时它还可以促进参与录制微课的同学的理解力、学习能力,以及积极探索的内驱精神的发展力。

对于老师而言,制作微课既要从课标和教学目标及教学内容的角度思考,体现教学本位的思想;更要从学生的角度思考,体现以学生为本的思想。

莘县第二中学三级微课理论之形成与建设是在莘县第二中学长期教学改革中产生的,它顺应了时代发展,适应了学生学习的需求,提升了学生的自主学习能力,激发了学生的学习的内驱力,提高了学生的学习效率。

浅谈校本电子教材的制作及应用

莘县第二中学　张灵芝

为适应新时代教育发展，信息技术融入学科教学已经成为大势所趋，而优质电子资源库的建设对于信息技术在学科中的有效融合起着举足轻重的作用。

2015年5月23日，在青岛举行的国际教育信息化大会上，习近平总书记发来贺信，强调因应信息技术的发展，推动教育变革和创新，构建网络化、数字化、个性化、终身化的教育体系，建设"人人皆学、处处能学、时时可学"的学习型社会，培养大批创新人才，是人类共同面临的重大课题。

为适应新时代教育发展，响应国家教育改革的号召，结合我校是县域普通高中，学生基础较差的实际情况，莘县第二中学积极探索，摸索出了一套成功的育人理论体系和教学理论体系，并引进了配套的教与学平台软件，利用信息技术，最大化地优化我们的课堂，激发学生学习兴趣，提高学生的学习效率。教与学平台入驻我校之后，制作、充实教与学平台电子教材成为各项工作顺利实施的基础，全体教师在校领导班子及校名师团队的带领下，精诚合作，对教与学平台电子教材进行了精心的编排与制作。

这是一项浩大却能够使全校师生及后来人极大受益的工程，它可以形成具有本校特色又符合本校学生特点的丰富的资源库。

在教与学平台上，电子教材有两种储存方式。在教师端，一种是"我的教学"窗口；一种是"创课教材"，它们包含"教案设计""学案设计""课件设计""微课设计""优质课设计""作业设计""教学反思设计""素材设计""精选试题设计""精选试卷设计""测评设计"共十一个板块。

我校所有同科教师要在集体备课的基础上，设计出自己负责范围内的各板块内容，最后经组织审核通过，再按章节上传。资料上传发布之后，在教师端，点开"我的资源"就能看到本人账号上传的所有资料，当然也可以按章节查找。点开"本校资源"，就能看到本校教师上传的所有资料。

这样形成的电子教材内容丰富、形式多样，有深度、有广度，可以满足不同层次学生的需求。学生如果想要自学或者巩固课堂所学，抑或是继续学习自己课堂上没有弄懂、弄通的内容，就可以用自己的账号登录学生端，点击进入"我的课堂"按章节篇目选择，找到自己所需的各种材料；当然也可以点击进入"创学课本"，选择学科，再继续选择授课教师，就可以找到自己学科老师的创课教材，然后根据自己的需要，看看老师授课过程中自己哪一个环节没有弄懂，然后打开老师在那一个环节中插入的材料继续学习就可以了。

所以创课教材更适合处理课前的前置性预习或者处理因课堂上没有听懂问题而产生的后置性学习。有了创课教材，那些基础差的，课堂上容易跟不上节奏的同学，再遇到难以弄懂的问题时就有了独立学习的工具。

以《荷塘月色》为例，根据课程标准、课文内容及教学目标可知，"学习作者巧妙运用通感的技巧"是本课的难点，于是我在"创课教材"苏教版语文必修二第四专题《荷塘月色》电子课文的第五段插入了一段微视频《感觉的乾坤大挪移——文学艺术中的"通感"》，学生如果在课堂上没有弄得很明白，就可以进入学生端，打开创课教材，选择高中语文，选择授课教师为张灵芝，然后打开《荷塘月色》电子课文，就会在课文第五段位置看到这堂微课，然后把它打开，一遍遍地反复听看，直到学会为止。看懂了，听明白了，就打开旁边的"测评设计"，通过测试题检验一下自己是不是真的学会了。学生完成测评后可以对照答案和解析提升自己的做题能力和对知识点的深度认知，而教师打开教师端也能看到学生完成情况的大数据分析。

这样的电子教材为不同层次的学生提供了个性化教育的学习资料；后台的大数据分析可以帮助老师迅速地判断出学生的疑难在哪里，是谁有疑难，然后根据后台数据快速发现教学问题，精准制定下一步的教学计划、教学内容，有针对性地点拨学生遇到的疑难问题，为科学、高效地因材施教提供了可能性。

人才决定未来，教育成就梦想。我校电子教材的建设为我校信息技术深度融合课堂改革提供了最大的可能性，为我校不同层次的学生提供了丰富的、多样的学习资源。这些资源极大地激发了学生的学习兴趣，让学生变被动学习为主动学习，让学习成为学生终生的能力，让教育的可持续发展、人才可持续成长成为可能。

以实例谈信息化教学应用过程及体会

莘县第二中学　石晓佩

在信息时代背景下,信息技术早已覆盖教育领域。信息化教学不仅可以提高学习效率,而且还可以激发学生的学习兴趣。下面以教学实例展现信息化教学在实际教学中的应用。

一、课前自习

教师:在学习平台上传发布本节电子教材、自主学习任务单及教学课件。

学生:在自己的平板电脑上仔细阅读自主学习任务单的学习指南部分,根据教学系统平台上提供的本节重难点知识的提示,依次完成自主学习任务,结合观看电子教材、教学课件,初步掌握本节的主要内容,完成自主学习任务单内容。在自主学习过程中,学生可以在线上将遇到的疑难问题向教师进行反馈并上传习题检测结果。

教师:在学生完成自主学习任务之后,浏览后台整理、统计好的学生反馈的疑难问题,教师可以随时随地进行线上答疑解惑,并且还可以随时看到学生自主学习任务单测试部分的上交情况和分析统计结果。

课前阶段教师主要用教学平台完成自主学习任务单的设计与开发和补充电子教材以及制作本节课件,并将自主学习任务单与教学资源上传到学习平台。学生根据自主学习任务单的指导和教师设定的学习任务,完成学习任务及习题检测。而后学生将自主学习过程中遇到的问题与疑惑反馈给教师,教师不仅可以随时线上解答,及看到学生的习题情况,而且还可以在课前了解学生课前自习状况,对学生的问题进行精准分析,在之后的课堂教学中可以有针对性地进行问题解答和学习指导。

二、课中

1. 基础巩固。

教师根据自主学习反馈情况,有针对性地讲解本节基础知识,点拨重难点。在讲解前,可以使用随机点名以及抢答的方式,了解学生基础知识的掌握情况。

2. 难点突破。

学生以小组的形式展开交流讨论,探讨课前自学过程中遇到的疑难问题。过程中结合老师平板电脑推送的解析指导,组内成员互相展示自主学习进程,共同解决课前自主学习中的疑难、困惑并进行反馈。

3. 展示交流。

学生小组之间对任务单当中疑难问题的案例相互交流解决方案,共同解决课前自主学习中的疑,难困惑并进行反馈。每组推出学生进行课堂展示,教师根据课前后台学生作业上交情况,有意安排不同的问题逐个让小组进行展示。

4. 合作探究。

本环节教师推送讨论问题,学生在平板电脑端接收到问题进行小组合作并交流探究答案,交流结束后小组代表上传答案,屏幕显示学生提交情况,教师可随机查看任一小组的答案,进行现场点拨。

5. 练习巩固。

针对学生在自主任务单的学习和课上学习情况推送课堂检测题目,学生在线上作答并上传到平台,平台可以当即汇总出测试结果,教师可以根据学生完成情况,针对重难点问题再次进行习题操练,巩固疑难知识点。

根据自习情况有针对性地进行基础讲解和重点点拨。小组合作对课前自学的"自主学习""合作交流""训练巩固"部分内容进行交流解决,教师负责补充及点拨难点。合作探究部分教师推送的题目可以及时得到反馈,并且随机抽查及当堂展示,整个答题过程和答题规范展露无遗,使得教学过程更有效、更直观。最后学生完成教师推送的当堂检测习题,巩固课堂教学所学知识。

三、课后

学生课下在线上平板电脑学生端完成由教学平台推送的课后同步测试,完成后提交由平台评分,教师可以提前设置时间定时推送答案及其解析,学生查看得分以及答案解析,记录学习心得或形成错题档案。学生对于本节课学习之后仍然存在的疑惑，或对于同步测试卷中存在的疑难问题，在平台讨论区与教师或者学生进行互动提问，教师随时登录平台解答疑惑。

针对课上学习情况和本节课学习的重难点形成课后习题。课后习题依据题目难度水平分为基础题和拔高题，根据学生平板电脑端显示的学生课前以及课上学习成果，教师可以个性化、有针对性地向学生推送不同难度的习题，作为学生学习效果监测的依据，并且教师可以随时随地线上解答学生疑难问题，线上数据跟踪学生学习情况变化，还可以进行线上的督促和建议。

以上是以一节实例展示了信息化教学课前、课中及课后的应用情况。信息化教学在目前看来是大势所趋。另外，也更是因为它的应用比传统教学更高效、更便捷、更完善。

信息技术对教师的专业发展有哪些促进？

随着科学技术的迅猛发展，信息技术在教育教学活动中被越来越普遍地应用。现在我们接触最多的信息技术是以多媒体技术和网络技术为代表的，它们不仅是我们学习的对象，更应该成为我们可以运用的工具。

利用这些新的技术，可以使我们的课堂变得更生动，让我们关于知识的讲解可以更形象，从而提高课堂上的教学效率。利用好网络教学可以促进教师和学生间的相互沟通、交流，积累丰富的教育教学实践经验。并且能提高教育教学实践能力、完善教育教学实践工作，最终实现专业的成长与发展，我们学校实行信息化以来，很多老师都在专业上有了突飞猛进的发展。

课堂革新理念下信息技术的应用推动历史教学发展

莘县第二中学　杨丽平

很多人喜欢历史，很多人又不喜欢历史课。大家喜欢的历史是以故事的方式呈现的，内容丰富且有趣，但是历史课往往却是枯燥乏味的，要求掌握时间、地点、人物这些干巴巴的史实，并要从中分析一些背景、影响，等等。想让学生爱上历史，爱上历史课堂真不是一件容易的事。

踏上这三尺讲台已经有八年的时间了，回首这八年的教师生涯有辛苦也有收获，也走过不少的弯路。一开始自己对"一五三"教学模式理解得也很肤浅，提前把学生分成几个小组，上课的时候老师布置好任务，让学生分组讨论。当时认为只要课前有预习、课堂上有讨论、有学生点评就是"一五三"教学模式了。

犹记初登讲台时，为了上好一节课，一遍遍地翻阅教参，做完练习册上的习题,努力设计好课堂上要说的每一句话,生怕学生不理解,所以自己尽可能详细解释。当我为自己辛苦的准备和滔滔不绝的讲授所骄傲的时候,却发现在座的学生们昏昏欲睡,完全提不起精神,对老师的讲解更是不知所云。

下课后甚至学生跟我反映说没有听明白课堂上所讲授的内容,真是让我好生挫败,又好生迷惑。向周围的同事请教,也看网上的授课视频,模仿他人的授课方式,却总是不能达到满意的效果。恰逢学校引入了教与学平台,组织老师参加培训,又让经验丰富的老师给大家讲解。

渐渐地我更深刻地理解了所谓的"一五三"教学模式,不仅仅是一种课堂模式,更是一种开放、包容、与时俱进的教学理念,二中人一直秉持的是一种课堂革新的理念:用灵活多样的、合适的方式来激发学生的学习兴趣,增加学生课堂参与度,尽可能多地让学生掌握基础知识和解题技能,让学生成为课堂的主角,教师则在关键的时刻起到引领的作用。原来的那种老师传输,学生接收的模式下,基础差的学生很容易走神、犯困。

新发展的"一五三"课堂,在原来的"一个理念、五个学习策略、三个学习环节"的基础上,以教与学平台为技术支撑,加入了翻转课堂的形式,的确给人耳目一新的感觉。但是对教师提出的要求更高了,在课前教师要做大量的准备工作,只有这样才能给课堂准备好充足的资料,供学生选择使用。

教与学平台在学校建立后,每位学生都配备了平板电脑,每个上课的教室里都安装了智慧黑板和校内的无线网络,加强了班内的小组建设。老师把需要让学生查看的资料通过平台发送给学生,给学生自主学习带来了很大的帮助。例如,我要完成历史纲要上《西汉与东汉——统一多民族封建国家的巩固》这节课,就要提前编辑好自主学习任务单,录好微课,制作好电子教材。

在自主学习课上把印好的纸质版任务单发给学生,任务单上包括了本节课的历史线索,展示出西汉强盛的背景,西汉初年遗留的问题,汉武帝在政治、经济、思想、边疆、民族问题上采取的巩固国家统一的措施,西汉衰亡的原因,东汉的建立及衰亡,两汉灿烂的文化。让学生以任务单为依据阅读课本,遇到疑难的问题可以查看老师制作的电子教材,这样学生以任务单和电子教材为依托完成新课的预习。

学生遇到学习上的困难,还可以通过微课解决。微课一般是五分钟左右，通常是插入到电子教材之中，任课老师根据本课的重难点录制或下载，解决学生在预习当中容易遇到的疑难问题，这节课因为汉武帝采取的巩固国家统一的措施中一些概念不好理解，所以把汉武帝的措施给学生做了具体解释，如均输平准、算缗告缗、推恩令以及罢黜百家、独尊儒术等知识点，并引导学生分析实施这些措施的原因及其带来的影响。

另外上传了一个其他老师制作的微课，专门分析汉武帝采纳董仲舒思想的原因，分析了汉武帝治理国家时遇到的问题和董仲舒提出的解决方案。电子教材则更加丰富，可以是标划课本，也可以加入一些音频、视频、图片、文字、动画等帮助学生理解课本上的内容。学习资料以多种方式呈现给学生，有助于吸引学生的注意力，提高学生的学习效率，减轻学生在学习当中的困难，增强学生的自信心，从而提高他们的学习兴趣。这样借助电子教材和自主学习任务单，学生掌握了大部分的基础知识，自主学习课的最后，通过平板电脑上的自主学习检测，可以了解自己的预习成果，老师也能通过学生反馈的疑难问题和查看平台上学生的做题情况，从而更加明确课堂上的侧重点。

在合作探究课上，首先我列出了学生问得最多的疑难问题，让学生回答并加以点评和鼓励。之后则是检测背诵检测学生自主学习的成果（这里也可以用让学生做题的方式进行检测，总之形式灵活多样，目的是更加明确地掌握学情），然后集中精力解决本课的重难点问题，以材料题的形式呈现出来，让学生分组讨论记录并展示。让学生把整理的材料题的答案拍照上传到平台上，展示到大屏幕中，让其他学生点评，最后老师做出点拨、总结。在假期之中，信息技术的优势体现得更加明显，老师可以远程发布试题或作业，学生可以通过平台提交。为了防止学生假期中学习懈怠，老师可以通过平台定期检查学生的作业，并加以批改。

信息技术应用到历史课堂之中，节省了自习和课堂上的时间，让老师可以更加准确地掌握学生的学习情况，用多种方式呈现史料，让学生可以用多种方式展现自己。从最初的抵触，到被迫接受，再到现在每节课都要运用平台备课、上课、发送作业和检测习题，我切身感受到了信息技术带来的便利。

社会进步十分迅速，信息技术的革新也是日新月异，如今信息技术已经渗透到了我们生活的每一个角落，我们的课堂也要与时俱进，跟上时代发展的步伐。广泛运用信息技术到课堂教学之中，不仅仅是为教学服务，还可以给学生一个良好的示范——如何健康地面对信息技术，让信息技术为自己的学习和发展服务。社会迅速发展的今天，课堂革新也没有尽头，我们会抱着开放、包容的心态，在课改的路上继续走下去，学习更先进的信息技术和教学理念，以此来推动自身教学的发展。

浅谈信息技术对我专业发展的促进

——以莘县二中"一五三"教学模式下的翻转课堂为例

莘县第二中学　周焕利

进入教师行列八年，接触信息化教学五年，我在实践信息化教学方面无疑还只是个学生。我却深感自己搭上了信息化飞速发展的高速列车，有幸见证了信息技术对教学的促进，并有幸成为被促进的受众之一。

当今世界正处在大发展、大变革、大调整时期。世界多极化、经济全球化，科技进步日新月异，人才竞争日趋激烈。从教育改革和发展的大环境看，21世纪已经成为信息时代，信息技术的广泛应用无时无刻、无所不在地影响着和改变着人类社会的方方面面。信息技术进入各个领域，对教育产生巨大冲击；国力竞争日趋激烈，教育信息化程度已成为当今世界国力竞争的重要组成部分。

所以，教师专业现代化已成为教育改革和发展的重中之重。从教育内部发展来看，新课程改革实施以来，国家进一步加大了对教育的投入，"多媒体""互联网"已在广大中小学校逐步实现。在这种大环境下，基于信息技术环境下的教师专业成长将成为学校校本研修的基本方向。

莘县第二中学在信息化教学方面无疑是走得较早、较远的。二中人采用最适合教师和学生的课堂组织形式，把学生的注意力全部集中到课堂教学上来，使学生最大限度地学会知识、提高个体能力。基于此，莘县二中倾力进行

"一五三"教学模式下的翻转课堂建设,取得了显著成效。

莘县二中采用的"一五三"教学模式的基本内涵是以尊重学生学习主体地位为前提,以现代教育信息技术为手段,以分组教学为基本形式,组织学生自主、合作、探究式学习,培养学生的自主学习、合作学习与实践创新能力,全面提升学生素质。其中,"一"是指一个指导思想:让课堂灵动起来;"五"是指五种教学策略:学案导学、微课助学、合作互学、训练测学、评价促学;"三"是指教学过程的三个阶段:自主预习、探究研习、巩固练习。

信息化教学可以促进教师的专业化发展,而"一五三"翻转课堂作为信息化教学在适应本土教育中的发展和创新,更是促进了语文教师的专业化发展。

所谓教师专业化发展,是教师在整个职业生涯中通过专门训练和终身学习,逐步习得教育专业的知识与技能,并在教育专业实践中不断提高自身的从教素质,成为一名合格的专业教育工作者的过程。教师专业发展是提高教育质量的要求,只有把信息技术完全融入教师的教育行为之中,与教师的教学生涯完美结合,才能更好地服务于教育教学,才能更好地提高教育教学质量。

一、运用信息技术,可以促进教师理论素养的提升

充分运用信息技术资源,尤其是学习网上的资源,教师可以学习各种先进的教育教学理念,了解来自世界各地的教育发展动态,增长自己的见识。网络中的信息资源方便、快捷、广泛,各种教育信息、名师讲座、课程培训、教学实录等应有尽有。通过网络欣赏名师风采、品味专家讨论、学习理论知识,丰富多彩的内容,不仅可以提高教师的课堂教学水平,还可以提升教师的专业素养。语文教师要成为一个成熟的专业人员,需要通过不断的学习与探究,拓展自身的专业素养,提升语言水平、思维水平、专业态度与主体意识,从而达到专业成熟的境界。

对于莘县二中"一五三"模式下的翻转课堂而言,课前的视频学习是不可缺少的内容。但翻转课堂并不等于视频教学。一是视频比较短,多在15分钟以内,二是有后续的课堂吸收内化阶段,并非单向、终结和封闭的教学。以高中语文教学为例,教学内容一般分为阅读教学、作文教学和语言表达教学

三个方面,作文的写作指导、语言表达的方法指导及阅读材料的基本问题探究,如内容、主旨的分析可纳入课前视频的录制。

二、"一五三"教学模式的应用,可以提高教师教育教学水平

当今社会,没有熟练的信息技术能力,严格来说已经不是一个合格的教师了。因此,必须运用信息技术辅助教学,在实践中不断提升自己能力。对"一五三"教学模式而言,其成效的关键在于课堂,而课堂对教师的挑战也最大。

此时的课堂不再是以教师为中心的预设性的信息传递,学生在课前深度自学中所发现的问题和遇到的困难应该在课堂上得到解决,由于个体的差异性,问题和困难会是各种各样,甚至千奇百怪的,极有可能不在教师的经验之内及准备之中,而且教师对整个课堂的组织调控能力会受到极大的挑战。

但翻转课堂的课堂价值在于学生的问题无须经历以前课堂讲授、课下作业的过程就得以呈现,教学的重心从整体性的讲授转变为个性化的提升。学生主动性得到充分激发,在生生合作、师生碰撞的过程中甚至可以诞生一些全新的思考,这对于学科的发展甚至都具有积极的意义。

三、"一五三"教学模式可以提高课堂教育教学质量

小小方寸地,网络天地宽。运用信息技术可以充分拓宽教师的教学手段和方法,达到意想不到的教学效果。有了网络,我们就可以改革以往的备课方法,"集体研讨、分工备课、资源共享"。即先参照下一周的教学任务,分学科、分年级进行集体研讨,交流本单元的教学重点、教学难点及重点、难点的突破方法,最后交流设计步骤。

这样集思广益,教学质量的提高就有了保障。我们还可以注意收集教师们的优秀教案,并在网上发表,供全校教师品评。这种评课方式便于操作,随时都可以进行。在活动中,老师们的智慧相互碰撞、经验相互交流,既可以提高教学技能,又可以提高教育质量。

对于高中语文教学而言,"一五三"教学模式下的翻转课堂对课堂教学内容带来的变化是:语言表达的实践机会大量增加,针对个体写作所出现的问题的修改会大量增加,阅读探究也会更加深入和广泛。同时,课堂的教学形式也会发生巨大变化。小组的合作交流增多,教师的讲析剧减,取而代之的是教师作为导师的适时的点拨和方法的指引。当然,在这个过程中,教师需要通

观全局,确定全班探究的共同性问题。而问题的解决除了依赖教师的储备,还得力于生生之间的合作,于是,这个课堂所呈现出来的特点除了一种积极的合作之外,还应该呈现出巨大的发展性。

信息化教学对教师专业发展的内在要求

莘县第二中学 辛增龙

信息化背景下,高中的课堂教学对教师提出了更高的要求。作为高中教师,我们在立足提高高考成绩的前提下,如何促进学生的全面发展,同时又要结合当前信息化快速发展的现实,我觉得应当从以下几个方面做好工作:

一、进一步领悟"高效课堂教学"的相关理论知识,不断追求高效课堂

教师要用动态生成的观点看待课堂教学,对待教材必须有所取舍。老师和学生可以根据教与学中出现的实际情况,对教材进行补充、延伸、拓宽、重组,或添或删,灵活使用教材,使教材更具开放性。现行教材内容贴近学生的生活,符合学生的生理和心理特征,知识涵盖广、外延大,需要教师去挖掘、去领悟,并创造性地使用。

教学过程是动态生成的,课堂应是向未知方向挺进的旅程,随时都有可能发现意外的通道和美丽的风景,而不是一切都必须遵循固定线路而没有随性的行程。尽管教师在备课时已经对课堂上可能发生的情况做了充分的预设,但是在课堂中,依然有太多的不确定性,更有出乎意料的情况发生。面对信息多变、资源多彩的课堂,教师要扮好倾听者、重组者、引领者、提升者。做到心中有案,行中无案,寓有形的预设于无形的、动态的教学中,不断捕捉、判断、重组课堂教学中从学生那里生成的各类信息,灵活驾驭教学过程,推进教学过程在具体情境中的有效生成。

所以每一堂课后要及时反思,及时写下心得体会,总结"成功亮点",考虑"失误与不足",思考"创意闪光点",不仅要善待"生成的问题",还要会鼓励、期待甚至帮助学生去"生成"问题,不要害怕自己解决不好这些问题,

只要培养自己有足够的教学机制，就可能将这些问题变成新的教学资源，把原先可能成为难点的问题转化成教学的亮点，这也符合新课程改革的要求。

二、教师应将专业再发展作为终身追求

社会在发展，科技在进步，也就要求教育的不断更新，需要可持续性地发展。教师之路该如何走？作为骨干教师又该如何做？面对新课程改革，我们需要不断学习创新，这是我们教师教育教学的生命力所在。面对飞速发展的教育，要使自己在专业的道路上不断成长，就应努力坚持教学和科研相结合的学术道路。

这一点对我的启发很深，的确，面对不断更新的教育观念，面对发展的时代，面对变化的学生，教育需要不断更新，教育需要研究型的教师，只有不断地研究教育教学中的问题，才能提高工作效益，才能提升自身的教育教学素养。在讲座中指出自我反思是教师成长的重要通道，是教师个人知识的改造与升华。既要重视实践、勤于实践，又要专于理论学习。作为骨干教师更要强调反思学习，提出自我学习、自我专业发展的计划，撰写教育笔记、经验总结或论文等，全方位提升自己。

教师专业发展不仅是时代的呼唤、教育发展的要求，也是教师教学自我提升的需要。"严谨笃学，与时俱进""活到老，学到老"是新世纪教师应有的学习观。只有把握时代脉搏，紧跟时代潮流，开拓进取，努力创新，勇立潮头。只有不断加强理论、业务学习和继续教育，才能经受住"极限"的考验，在超越自我的同时，实现自己的人生价值。

三、要不断提升自己的人文学科素养

作为一名教师，担负着培养一个又一个"社会人"的重任，教师自身的人格魅力对于学生来说有着潜移默化的影响。首先就应当正其身，做好学生的榜样。教师作为当今社会的"文化人"，更应具有较高的文化素养和道德素养。新课程要贯彻"以人为本"的理念，培养学生的自学能力、思考能力、实践能力、创新能力等，促进学生的身心和谐发展，为学生的终身发展奠定基础。只有具备人文素养，教师才能真正树立"以人为本"的现代教育观念，在教育与管理中充分尊重学生的主体性。

怎样才能不辜负"人类灵魂的工程师"这一光荣的称号，是每个教师必须认真对待并要用实践做出回答的问题。好教师首先必须有敬业精神,要忠诚于党的教育事业。要做到这一点,就应充分认识教师工作的意义,热爱教育事业。综合国力的竞争归根结底是人才的竞争,而人才的培养靠的是教育,靠的是教师兢兢业业的工作。只有深深地认识到这一点,才能激发对教师工作的热爱,也才能把这种爱倾注于工作中。现在的学生知识面宽,接收的信息广,这就对我们提出了更高的要求,要求我们有更加广博的知识和教育技巧,做一个复合型的教师。

总之,教师的专业发展是当今信息化教学的应有之义。只有不断进步,才能适应时代的需要,满足学生不断发展的要求。

信息技术和语文教学融合促我专业成长与发展

莘县第二中学 孙香平

人类已进入信息时代,以网络技术和多媒体技术为核心的信息技术不断发展,正在深刻地影响着我们的生活、生产、学习和工作方式。

教师专业发展是提高教育质量的要求,只有把信息技术完全融入教师的教育行为之中,与教师的教学生涯完美结合,才能更好地服务于教育教学,才能更好地提高教育教学质量。

"信息技术和课程整合"是我国面向21世纪基础教育教学改革的新观点,它要求教师能从自己的学科教学过程中,研究如何使用信息技术帮助自己的教学,把信息技术融入课程教学中,也就是说教师在课程教学过程中能把信息资源、人力资源和课程内容有机结合,共同完成课程教学任务的一种新型的教学方式。

作为教师,我积极投身到这一变革中去,改变自己旧的教学观念和旧的教学模式,了解新的思想观念、掌握新的技术,使自己确立和具备信息时代的文化价值观念,并能把它们熟练、合理地运用于教学实践活动当中。

我就信息技术在语文教学中的运用谈谈我的感受。

以信息技术为平台,以自主、合作、探究的学习方式为学生创设良好的自主学习环境,激发其学习兴趣,调动其持久的学习积极性和主动性。将信息技术化的课堂由"技"的层面进一步上升至"艺"的高度,做到"技艺兼顾",这样才能实现信息技术与高中语文教学的高效融合。

一、根据不同教材的需要,播放课本影视剧、相关诗歌诵读及视频,创设教学情境

有选择地让学生观看视频。如《林黛玉进贾府》王熙凤出场时的描写是相当经典的,截取电视剧中的相关视频。《芣苢》和《插秧歌》是描写古人的日常生活与劳作场景的诗,字里行间洋溢着吃苦耐劳、勤奋乐观的精神。通过听读,感受到他们劳作时的欢乐与情趣。学生除了听到演讲者的声音外,还能看到演讲者的动作、神态和表情,有种身临其境的感觉,并受到感染,从而激发内心对演讲的兴趣和欲望,达到主动训练的目的。另外,充分利用一些短小的视频(如时事新闻)来创设情境、强化认识、促进理解。这一设计调节了课堂气氛,有效地激发了学生的学习兴趣,创设了教学情境。

二、利用多媒体课件实现课堂上师生同参与

围绕同一个文本,师生双方同时进行解读,然后将解读的收获或结论以课件的形式展示出来,并就其进行解说和讨论,最终实现双向交流,深化理解。它将学生带进文本的研读中来,促使师生角色发生转变——教师由主讲者变为主导者,学生由被动倾听者变为课堂主体,这样有利于学生思维能力、动手能力及合作能力的提升。学生素养越高,参与课堂的程度越高,利用信息技术开展互动教学的质量就越高。如在《先秦诸子选读》中的《论语》一章,学生先以小组为单位,立足文本,围绕孔子的生平、思想以及《论语》的现实意义等话题进行研读,然后把小组研读成果做成精美的PPT,课上依次展示、交流。给学生搭建一个平台,他们就会释放出令人惊叹的潜能,成为教学活动的主体。

三、信息技术作为教本的辅助内容与课本内容相融,扩大课本知识的外延

可以拓宽语文学习的渠道,采集到广泛的知识,使学生的阅读面、知识面扩大,将课内学习与课外学习资源结合在一起,更好地学习语文。

如在提高学生的写作水平方面,效果尤为显著。在互联网里,有很多关

于写作理论、技巧的文章和众多例文评点，作文课上，我用此来指导学生写作。这样，学生的知识面扩大了，眼界开阔了，积累的素材也多了，这就为写作积聚了基础，有利于学生创作，特别是构思、立意方面的创新。并且，学生还可在互联网中搜集更多例文和评论，广泛地吸取别人的经验教训，这对学生来说是一笔巨大的财富。另外，指导学生把自己的作品放到作文智能批阅系统中，除了自评外，还可以让更多的同学来评点，从中得到更好的提议，提高写作水平。

四、通过校园信息化网络阅卷平台提高评卷效率

信息化阅卷平台不仅提高了阅卷的效率，而且便于教师有针对性地提取数据和信息、分析答卷，从而更好地开展质量分析。例如，好的信息化网络阅卷平台能够让学生了解自身答卷的评分细节，进而明确自己的不足，能够让学生根据自己的需求，通过这一平台有针对性地搜索有参考价值的样卷进行比对分析，从而使学生了解下一步努力的方向。

五、开展微课或翻转课堂等教学活动

微课和翻转课堂教学模式在更深层次上体现了学生学习的"自主性"。微课与翻转课堂虽是两个不同的概念，在实际运用中却往往密不可分，它们开创性地将学生的自主学习置于教师的"教"之前，促进课堂教学由单向的灌输转变为师生交流和深化学习，极大地改变了以教师为中心的传统教育理念及课堂结构。这两种教学方式的融入，源自现实社会对教育质量不断提高的要求，同时也必须扎根于信息技术的高度发展，特别是网络技术、录制技术、剪辑技术的发展普及，这些技术是制作教学视频的基础。为了让学生更好地感受和理解李白的浪漫主义风格，在讲授《蜀道难》之前，围绕该诗的艺术手法这一主题，做成一个5分钟的教学小视频，布置学生在课前观看、学习、思考。那么，课堂教学就变得很有针对性，学生的困惑通过师生、生生之间的交流讨论，问题就迎刃而解了。这样的探究式学习，进一步培养了学生的创造性思维。

信息技术与语文教学融合，促进了专业成长与发展，将给语文教师提出更高的要求。要优化语文教学过程，教师必须努力提高自身的信息技术素养，更新自我知识体系，熟练使用信息技术，使自身知识与社会发展同步。将教学

手段、教学观念、教学策略都融进信息技术里，能吸引住学生，并能以自身的素质去熏陶学生，提高学生学习的兴趣。做一个有时代精神的教师，培养出适合社会发展要求的人才。

信息技术如何服务于教育教学

随着信息技术在教育领域的全面应用,教育信息技术的未来已经来临,教师将面临更多挑战。在"互联网+"时代,教师如何将信息技术有效纳入教育教学中去,努力创造个性化教学,将信息技术有效服务于课堂教学中去呢?

我校教师利用信息技术调动各种感官来解读文本,超越文本,感悟生活。运用现代化教学手段,整合多种信息来激发学生的探究欲望,求知热情。善于细心观察,留心倾听,耐心查找,努力为当代课堂教学服务。

教师在整个过程充当着导演、设计师、主持人等不同角色,让学生感受着当代教育教学的无限乐趣。

教师在教学中是鲜活的个体,必须将思想寓于教育教学中去,而且应贯穿于整个过程。这是一个不断建立、推翻、调整直至满意的过程。

我校教师紧紧围绕教学目标,大胆尝试脱离书本的束缚,丰富教学资源,广泛收集材料,创设超越教科书的知识含量,调动学生的创新思维。

那么,教师如何根据自己对大纲的理解、设计,对教材进行取舍、加工,完成一个服务于课堂教学的课件呢? 如何给学生以启发、思考,体现具有灵魂的新课程课堂教学呢?

下面摘录部分我校教师在信息化技术教学方面的体会和感悟。

语文课堂里的 "智慧"

莘县第二中学　张灵芝

所谓 "智慧"，它在现代汉语词典上的解释是辨析判断、发明创造的能力。随着信息技术时代的到来，"智慧" 早已升级了它的含义，成为大数据背景下的信息技术使用的代名词，对于教育而言，也早已形成智慧教育、智慧课堂的系统理论及应用推广的科学策略。它的推广及应用让我们的语文学科教学犹如插上了翅膀，及时的数据反馈、跟进的策略调整、课堂上的高效互动、个性化的学习等成了新时代语文课堂的常态。

在教学部编版教材必修（上册）第三单元第 9 课《念奴娇·赤壁怀古》《永遇乐·京口北固亭怀谷》《声声慢》时，就是搭上了信息技术的顺风车，才让 "群文教学" 的新的教学理念得以有效实施。以前的语文教学是以单篇教学为主，费时、费力，却并没有让学生的语文素养有所提升。随着 2017 年版《普通高中语文课程标准》的发布，核心素养、学习任务群等概念的提出并普及，寓意着语文课程教学改革向更深处发展，基于问题解决的语文教育教学理念不断更新，群文阅读教学就是其产物之一。在高中语文阅读教学中，引进群文阅读的思维、方式方法，力求突破单篇阅读教学 "一统天下" 的局面，并在高中语文核心素养——语言的建构与运用、思维的发展与提升、审美的鉴赏与创造、文化的传承与发展四个层次的观照下进行。

如果没有智慧平台，对于普遍基础较差普通高中学生而言，单篇教学有效实施还是难以解决的难题，群文教学更是无从下手。我充分利用了我校的智慧平台，让语文学科的群文教学成为可能并能高效实施。

我把课堂分成课前自主学习、课中探索学习、课后探索学习三部分，三者之间用宋词和学习方法贯穿。

课前我首先做了大量的工作，和学生一起搜索并整理了学习宋词的五个步骤：1. 识作者；2. 知背景；3. 明文体；4. 拓知识（宋词派别知识）；5. 理基础，并把相关材料精华部分整理成学习任务单自主学习案部分，分别以电子版和纸质版呈现给学生,让学生在课前对相关材料了解透彻,为课堂探究做好充分的准备。同时为了让学生在阅读大量材料后对三篇宋词有初步的理解,我把群文学习的理念做成微课和不同形式的名人诵读(如京剧家对《念奴娇·赤壁怀古》的诵读)以有声教材的形式上传到平台。充分阅读材料之后,再去倾听宋词的声乐之美,真是美不胜收。最后,为了观察学生预习效果,我把相关材料编辑成客观题,上传到平台"预习检测"板块,让学生在自主学习结束之后完成,后台数据会快速呈现学生的预习情况,教师则可以根据数据反馈及时调整课堂实施策略。

有了一定的思维高度的预习之后,我采用比较阅读的方式,设置了三个课堂探究任务,三个小问题:任务探究一:一曲怀古,千古风流——鉴赏怀古词;任务探究二:万物皆染我色彩——赏析词的情景交融;任务探究三:纤丽与雄慨齐飞,婉约共豪放一色:赏析词的风格。之后再利用平台推送功能把三个比较阅读图表发送给学生,小组分工合作,通过组内诵读、拍照上传、互阅等不同方式高效完成三篇宋词的阅读和学习。展示环节更可以利用平台的抢答、随机点名,随时加分后台统计等功能激发学生的参与意识,增强学生的荣誉感。

会写文学短评是群文阅读环境下提出的新的能力要求,展示点评结束,让学生带着思维的火花写下自己最深刻的感受,分屏展示点评,让学生作品随时可视、便于评论;让好的标准入目、可学。让榜样的力量随时入心,营造良好的学习氛围的同时激发了同学们进一步学习的欲望,增强了学生的自信心和荣誉感。

最后我把"任务群阅读与实践"的拓展板块以文档的形式发布给学生,让学有余力的学生有机会以一篇带多篇,进行更大量的群文阅读和实践。

曹文轩曾给送青少年一句话:"阅读和写作的关系,就是弓和箭的关系。"然后还要强调,"你们把这句话记下来,用一辈子记住,写作是一支箭,阅读是把弓"。

部编教材主编说,要鼓励学生在精读的基础上,拓展阅读面,可以"似懂非懂"地读,"连滚带爬"地读。他坦言,这几年高考语文正在改革,命题的一个变化是注意考阅读量和阅读速度,读得太少、太慢就做不完卷子。根据调查,每年大概总有 15% 考生做不完卷子。

语文课堂里的"智慧"之花创生出语文学习的智慧之果。以信息技术为依托的智慧课堂让学生有计划地提高阅读速度、海量扩大阅读量成为可能,为语文学科语言的建构与运用、思维的发展与提升、审美的鉴赏与创造、文化的传承与发展等语文素养的形成提供了强有力的技术支撑。

在使用"智慧"课堂的同时,一路学习、一路改进,虽然遇到了一些困惑和问题,但也取得了一些成绩。2016 年 8 月,获全国微课联盟微课大赛一等奖;2017 年 7 月作为微课联盟特聘讲师赴邯郸馆陶为馆陶全县中小学校长暨管教师做技术培训;2017 年 8 月,赴武汉江汉中学为全校教师进行信息化教学操作技术培训;2017 年 8 月,获山东省电化教育馆微课一等奖;2017 年 12 月,获中央电化教育馆微课二等奖;2018 年,获山东省新媒体新技术创课比赛获得山东省二等奖;2018 年,获 2018 年新媒体新技术创课比赛国家级三等奖;2018 年 8 月,论文《浅谈校本电子教材的制作及应用》获全国一等奖;2019 年 7 月,参与的《信息技术环境下"课堂互动"的行动研究》课题结题。

路漫漫其修远兮,愿我们在新时代的"智慧"环境下,做真正的智慧之师,让我们的学生在"智慧"环境下,做新时代的智慧之人。

信息技术与课堂的融合让学生爱上语文学习

莘县翰林学校 孙玉凤

能让现在的学生爱上语文学习,并不是一件容易的事情,他们不爱上语文课的主要原因是课堂的枯燥乏味。作为语文老师,我深深地知道,在互联网时代,知识在不断更新,技术在不断进步,我们的课堂也不能故步自封,必须与时俱进,而信息技术与课堂的融合可以让学生爱上语文课。

首先,信息技术与课堂的融合可以激发学生内在的学习欲望。

我校现有丰富的网络资源,在创设教学情境和学习氛围方面是传统的课堂教学难以达到的,如在教授《鸿门宴》一课的时候,我从网上下载了一段《鸿门宴》的精彩视频,为学生呈现剑拔弩张,人物命悬一线的紧张场景,通过观察鸿门宴中的座位的位次,使学生知道双方力量的对比,进一步引导学生了解司马迁的写作目的是为了彰显了人物的性格——刘邦的隐忍、项羽的高傲。

我又在现有的基础上,补充了项羽"霸王别姬,自刎乌江"的图文资料,提出话题:一个人的成功,离不开三个条件电脑:打个人的努力、高人指点、贵人相助。那么,这条定律在刘邦那里是否应验了呢?

因为有了精彩视频的演绎,再加上学生对问题的理解,同学们看完刚才那段视频思考一下回答,对这个问题有了许多超乎我想象的回答。

一位同学还讲了他在《史记》中看到的一个故事,汉高祖刘邦在洛阳南宫摆酒宴,说:"各位王侯将领不要隐瞒我,都说出真实的情况,我得天下的原因是什么呢?项羽失天下的原因是什么呢?"高起、王陵回答说:"陛下让人攻取城池取得土地,就把它(城镇、土地)赐给他们,与天下的利益相同;项羽却不是这样,杀害有功绩的人,怀疑有才能的人,这就是失天下的原因啊。"刘邦说:"你只知其一,不知其二。在大帐内出谋划策,在千里以外一决胜负,我不如张良;平定国家,安抚百姓,供给军饷,不断绝运粮食的道路,我不如萧何;联合众多的士兵,只要打仗一定胜利,只要攻城一定取得,我不如韩信。这三个人都是人中豪杰,我能够任用他们,这是我取得天下的原因。项羽有一位范增而不任用,这就是被我捉拿的原因。"众大臣心悦诚服。这位同学的解答也为我们从另一个角度解读了刘邦得天下的原因。显然信息技术可以更加生动形象地创设情境,有效地激发学生的求知欲望,大大提高了学习效果。

其次,信息技术与课堂的融合可以更好地因材施教。

在"一五三"教学模式与信息技术融合的过程中,我更关注学生的实际发展水平、自主学习能力的差异,以及哪些知识可以使学生得到更多的学习的乐趣。

微课助学。建立"三级微课"助学机制,根据学生的认知能力,课前教师将与文本有关的文字、图片、微课、音频、PPT等资源嵌入"电子课本",制作成形象化、简单化、生活化的电子教材,激发学生的学习兴趣,帮助学生在自学过程中理解重点,突破难点,增强学生的学科课程理解力。在课中探究研习环节中，教师利用信息技术将重点内容即时动态生成微课，以利于学生课后自主复习。课后，教师根据巩固练习中出现的问题，由对该问题掌握较好的学生自己制作微课，用更贴近学生的方式、方法讲解知识点，分析问题，以利其他程度偏弱的学生再学习。

我们语文教师充分利用教学一体机的人机交互功能，在学生可能遇到困难的环节，通过众人帮助的解决方式来解决难题，如让学生将自己对问题的理解与解答拍照上传，同学对这些解答做分析讨论，最后将问题的最优答案整理出来，充分发挥了每个同学的能量。假如个别学生仍有困惑，可通过教学平台向老师和学生请求个别指导。老师通过这样的方式来引领每位学生获得成功的体验，让学生品尝到伴随自主探究而来的乐趣和满足，从而提升他们的自主学习能力，达到因材施教的目的。

再次，信息技术与课堂的融合可以使学生的自我效能感提升。

在语文课堂上，学生借助形象化、生活化的学习资源，通过开展自主学习、探究研习和巩固练习，降低了学习难度，优化了学习方法，增强了理解力，提升了学习动机，实现了"人人可学、人人愿学、人人会学"。学生积极参与到语文课堂学习中去，学生的自主学习能力、合作交流能力、信息技术素养都得到较大的提升，学习成绩也取得较大进步。学生说："原来的语文学习很被动，效率也低，老师讲什么，我们学什么，老师不教，我们就不会主动学。但如今老师在课堂上经常启发我们，我们的思维便会发散了，老师通过平台将问题推送给我们，同学们可以通过平板电脑完成，如果同学们的想法不一，就会在网上进行积极讨论，然后碰撞出思维的火花。在这种新的模式下，我们对自己的成长更有信心了，我坚信自己一定能考上一所理想的大学。"

顾明远先生曾经指出：互联网时代，教育的概念、对教育本质的认识、教育培养的目标都改变了。未来要把课程内容整合起来，使学习者认识事物的整体。在虚拟世界里的学习成为重要的学习方式。互联网改变了师生关系，通过各种媒体获得信息和知识成为重要的渠道。信息技术与课堂的融合为我们的课堂提供了更为广阔的空间，也为学生的学习注入了无穷的活力，大大提高了课堂效率，也使学生爱上了学习。

第六章　信息化背景下学生的学习与反思

信息化对学生的学习有哪些有利和不利因素？

如今，是一个信息化的时代，是一个网络化的时代，网络在我们的生活中无处不在，我们正在经历人类历史上的第四次工业革命，即所谓的"信息革命"，然而伴随着每一次的人类革命都会给人类社会以及经济的发展等各方面造成一定的影响。那么，互联网时代背景下对学生的学习有哪些有利因素和不利因素呢？现摘录我校部分学生对互联网有利和不利因素的看法。

互联网学习的利与弊

高二（6）班　王明丽

这个是一个丰富多彩的世界，每个人是与众不同的。互联网为我们提供了丰富多彩的发展平台，使我从中找到自己的方向，并得到需要的资源信息和动力。

互联网对我们的学习也有很大的帮助，我们有不会或不懂的题目时，可以上网搜一下，看看网上的那些老师是怎么讲解的，学一下他们的做题方法和做题思路,在从中找到自己的做题思路和做题方法。当然,不能盲目地抄袭,这样对学习是没有用的。

还有,我们在学习外语的时候,有不会的单词或者句子,可以选择在相应的平台当中查找单词的意思、语法、读法,也可以查找句子的一系列用途以及其中涉及的短语和语法,这样有利于提高我们在学校上课时的效率,增加我们做题的题感;也可以让我们在阅读短文或课文时,方便阅读或翻译。

在写作文时,我们也可以在网上搜一些好的文章,看看别人是如何把那些平淡无奇的词语组合成一些令人惊艳的语句;看别人被评为优类的文章,看看别人是如何把那些语句组合在一起的,这些都需要我们学习。上课的时候,我们每个人都有属于自己的平台,也方便很多。先登上自己的平台,在需要时老师会进入课堂给我们发送一些文件或者图片,供我们参考。老师提问时,会打开随机点名或者电子抢答,让学生答题,答对了还可以加分。老师还可以在自己的平台上给学生发送一些课件、素材、测评、图片,供给我们学习的参考资料。平台当中还有本校资源,那里面有很多全校的老师发的资料,还有一些激励学生的视频,让学生看了可以增加对学习的兴趣。

另外,平台中还建了互动讨论区,在那里可以建立帖子,学生和老师都可以看见,发到讨论区的可以是问题,也可以是老师发的提问的答案。发的问题有人会给解答。这样,可以促进老师和学生之间的互动,也可以加强学生和学生之间的交流。刚过去的疫情,因为没有办法在学校上课,我们就选择在网上上课,这就又用到平板电脑了。

在网课开始之前,学校的技术人员在平板电脑上下了一个软件,在家就可以上课。上课期间,老师可以开直播上课,也可以视频电话上课。上完课之后,还有直播回放,便于学生们在上课过程中有不会的题目,可以在直播回放中认真地再听一遍,提高学习效率。

下课之后,老师还可以在线上发布作业,学生提交作业之后,后台数据及时汇总,这样还便于查看学生的学习效果,在开班会或者导师会的时候,可以开直播和视频电话,可以提高老师和学生之间的交流。

互联网是一把双刃剑,给我们带来了好处,也给我们带来了坏处。比如,在搜题的过程中,有的人会直接抄上答案,也不自己分析或者理解一下,这样降低了我们的学习效率,也使得我们的思考能力下降,从而不愿意思考,变得懒惰起来。

在搜索外语的知识难点的过程中,有些学生直接把单词或者句子的意思、用法抄上,不懂得变通,这样就会降低我们做题的题感,有些语法明明是该记住的,却没有记住,该会做的,却不会做,这就不利于我们学习外语了。在搜索作文的过程中,不能搜了作文之后就直接抄上去,那是不负责任的行为,应该学会他们写作文的那种方法,否则,就会使我们的语言组织能力下降,在以后的考试或者做题当中,写作文的能力也会下。

在上课期间,我们有时会忍不住去滑平板电脑,这样就会大大降低我们的上课效率;还有平板电脑上面不能下载与学习无关的内容,这样就会分散学生的注意力,不能好好地听老师讲课。

另外,在上网课期间,会有人因为边直播边看开视频电话,或者开着直播,旁边打着游戏或看小说。这就不利于我们的上课积极性和主动性,降低了学习能力和自控力。

在下课之后,看直播回放的,没有几个人,老师布置的作业,学生也有去网上搜的,或者是直接不写的,还有就是直接应付了事,这样都不利于我们的学习,都会使我们的学习成绩下降。在上网课期间,学生会缺少主动性和自主性,这都不利于我们的学习。

所以,我们既要看到互联网的利,也要看到弊。使用互联网虽然可以给我们带来很大便利,但是长期使用会给我们的身体带来很大的危害。如长期看手机或者电脑,会给我们的眼睛带来伤害;遇到不会的题目就想着去网上搜,这会让我们产生惰性,等等,这些都是互联网长期使用带来的危害。因此,我们要合理地利用互联网,不能盲目地使用。

互联网时代是一个日新月异的时代,我们要合理地利用好互联网,使互联网的作用得到有效发挥,成为我们学习知识的工具。

不被浮云遮望眼 —— 信息化时代的利与弊

莘县第二中学学生　岳盼盼

"00后"是网络世界的"原住民"。面对良莠不齐的诱惑,他们的自制力面临前所未有的挑战。因为网络已经进入了我们日常生活的方方面面,也直接影响了我们认识世界,看待世界的方式。网络亦是一把双刃剑。在给我们带来便利的同时,也不排除一些负面信息。

"低头族"吃饭、走路、逛街、过马路,不分场合地刷剧、聊天、看短视频……可是毕竟一心还是难二用,更何况是因为边玩手机边过马路引发的交通事故可谓不少。

部分青年人在八小时以外的夜生活中寻求"存在感",看上去是充分利用时间,可实际上却是强迫自己用自己的青春打破"光"与"影"的界线.如此混乱的人生,伤害的不仅仅是身体,还有内心深处那弱小的心灵。

明知"熬夜不可为而为之"是出于什么心态呢? 我想是网络驱使着我们走向深渊,走向那一条"不归之路"。

的确,工作状态、社交状态与生活状态是应该有所区分的,但区分的手段应该是"控制节奏",而不是一味地"挤占时间",玩玩手机,刷刷视频,读读小说的行为,到头来才发现所谓的"做自己"根本没有起到放松的作用,反而给自己带来的却是适得其反的后果。我们都抱怨白天带给我们的压力,对夜晚轻松愉悦的玩耍感到兴奋,就和我们现在的某些学生一样,一上课就昏昏欲睡,一下课、放学便精力充沛。

如今的父母,既孤单又满足,为什么呢? 随着网络时代的到来,孩子们所享受的新东西也引起了父母的关注,因为他们是怕跟不上你们的脚步啊! 也想融入你们的生活,不再让自己显得那么孤单。

在当下疫情最严峻的时刻,都呼吁"隔离不隔爱,隔山不隔情"的亲切话语。外出工作在外的子女纷纷被拒之门外,孤单落寞的父母期盼着儿女的消息。这时一位"大佬"站了起来，它为家庭不团聚提供了可能，为学习资源短缺提供了条件，为疫情工作的安稳保障了基础，它是当今人们又爱又恨的网络。有了网络，虽说距离依旧远，但亲情仍存心间，几句暖心的微信，几条深情的关切，几次敞开心扉，聊不完、说不尽的视频通话，一切都似乎那么的真实，那么的亲切，但当一切的一切都停止时，世界似乎戛然而止，一种孤独、寂寞感涌出。可见，网络有利也有弊，而作为当代青年的我们，更应对网络诱惑勇敢地说出一个"不"字，树立自信心，避免盲目从众的心理，克服对网络的依赖，面对漫天纷飞的信息，我们需要提升媒介素养，用理智之网去捕捉真理。

如何提高网络素养呢？于国家而言，应当重视对公民网络素养的提高，对公民进行积极的引导是必不可少的。而网络素养教育理应覆盖到学校，让青少年充分认识到网络素养的重要性。除此之外，更要加强互联网治理，顺应时代，应势而动，顺势而为，这样才能书写我们美好人生的篇章。于个人而言，让科技造福生活。众多的数据与网络交杂在一起，这便要求我们培养敢于质疑，理性判别的能力。凡事三思而行，面对大量信息，我们应该保持理性，认真思索，审慎行事。

"耳闻之不如目见之，目见之不如足践之"，仅仅止步于判别信息是远远不够的，在多媒体、大网络数据的交汇之下，我们更应发挥好网络作用．这还需要我们的不懈努力，培养起正确的网络素养，对不良网络信息大声地说"不"，正确地、建设性地使用网络资源，让科技真正改善我们生活。

指导教师：孟文强

教师评语：

网络是把双刃剑，科学合理地利用它，会让孩子了解更为广阔的未知世界，为他们的人生成长助力！

擦亮双眼，奋进信息时代

莘县第二中学　高二（8）班　李盼攀

我们生活在一个新时代，这个新时代就是信息时代。

在这个时代，即使我们足不出户也能做很多事情。无论身处何方，指尖一点，事半功倍。

信息时代的到来，在学习中给予我们许多便利，如信息化课堂的运用。信息化课堂可以让同学之间线上互相批改作业，师生之间的互动更加便捷。存在的疑问可以随时上传到自己的信息化平台上，发送到老师那里，让老师更方便、更容易讲透这道题，更是有助于我们的理解。

在信息化时代，学习是一件非常有趣而又有意义的事，现在网络上千变万化的学习科目，就是为了让同学们提高自己的学习兴趣和学习效率。在课堂上，学生利用平台上老师传送的课件来预习课文内容，圈画一些知识点、关键性字词等，做出了相应标记；阅读外语单词时，有不会的单词就可以查阅平板电脑，自己再作上一些标注；听一些录音文字时，不懂的可以重复听，直到自己听会为止；问题不会的可以慢慢地研究，实在不行就讨论，再借助平台上老师传送的一些资料做参考。有不明白的地方可以重复多次直到看懂。

正如唯物辩证法教给我们的，但凡事物都有两面性。无一例外，信息时代对我们有利也有弊，信息化的优势是不管在哪里都能工作、学习，对于我们学生来说，学习是最重要的。但它的弊端是会导致我们的视力下降、注意力不集中，进而导致身体素质降低，影响身心健康发展。

对现在的学生来说，诱惑最大的是手机游戏，甚至连几岁的孩子都知道玩手机游戏是非常有趣的。但是，普遍处于自制力较低水平的青少年，玩手机游戏极易沉迷于其中，无法自拔。有些同学甚至打游戏打一个通宵都停不下来。如果常常如此，会对我们的身体产生不可逆的影响，很不利于我们的健康成长。

那么，我们应该如何抵制网络诱惑，让我们的身心健康的成长？首先，要有时间上的分配，玩游戏不能超过半小时，规定玩半个小时的游戏，或者是只看 20 分钟电视剧,再或者读 10 分钟励志的电子文章。其次就是行动上的了,要控制住自己内心的欲望。把想玩手机的这种欲望降到最低,适当地满足一下自己,但不能沉迷于其中。还有,电子产品对我们的身心健康危害也很大,经常熬夜玩游戏会导致睡眠不足,一些生活上的时间分配被打乱,影响身心健康。最重要的一点是对学习的影响,很有可能导致学习成绩下降,自己对学习的兴趣也减少了,慢慢地就会造成厌学的现象,一心只想着玩游戏。一旦产生了这种现象,恐怕为时已晚。如果自己毫无悔意的话,最终会被时代无情抛弃,成为信息时代里的失败者。面对网络诱惑,我们要把自己的欲望克制到最低,不能任由内心的欲望发展。新时代,是我们的全新时代,我们的双脚踏入了这个美好的大门就意味着我们做好了心理准备,迎接一切好和坏。

随着信息化时代的到来,信息每时每刻都在更换,所有的数据都在更新。生活上的困惑也更多了,比如说:使用手机时个人信息的泄露事件,让很多的用户都担心不已。虽然现在许多手机上无论是支付还是收款都有了面部识别,指纹解锁等,但还是不太安全。一旦这些个人信息泄露之后,后果将不堪设想。现在的网络暴力也非常严重,对人身心都产生了较大损害。我们无意中点开的一个软件就会暴露我们的信息,让我们的个人信息无处可藏。

我们应当辩证地看待新时代给予我们的一切。出现的问题不能抹杀带给我们的美好。那些不用出门就能购买到东西;直接用手机就可以办理一些业务,也不用风吹日晒地在外面跑来跑去,又为我们省下来许多的时间。新时代,也是我们一起奋斗的时代,在这个信息化时代中,奋笔疾书,泼墨激昂,用自己的努力证明我们一定会和时代的步伐相一致的。我很高兴我生活在这样一个信息化、数据化的时代。随着时代的脚步行走,我们一定会步步高升,走向新时代的巅峰。我相信,在未来的信息时代中,我们的学习成绩、生活水平会更加美好。

指导教师:葛宪勇

教师评语:

信息技术支持之下的主动性的学习方式必将成为学生学习的主要方式。而学习方式的改变成就了更多高中学生的学业。

信息化背景下学生如何抵御网络的诱惑?

现在社会进入互联网时代,手机和电脑已经普及。电脑游戏、手机游戏几乎是必不可少的东西,我们经常听说孩子玩游戏上瘾的新闻,那么信息化背景下学生如何抵御网络的诱惑? 我们的学生最有发言权。下面摘录部分学生的感悟。

网络诱惑那么多,我们应该怎么做?

莘县第二中学 高二 (7) 班 谷少函

处于信息化时代的我们,每天都在见证着全新的生活,新鲜的事物在我们的身边层出不穷。理所应当的,父辈们口中的手机也从奢侈品逐渐变成了我们这辈人的生活必需品。那随时随地可以上网的“魔块”实在令人着迷。

诚然,手机与高速网络带给我们很多的便利,比如和远方的亲人、朋友视频聊天;遇到不会的问题、不懂的事百度一下;有想买的的东西去网购等。但当我们享受这些网络便利的同时,身边也暗藏着许多危险。

形形色色的诱惑就在我们身边,那么面对这些诱惑我们该如何去做? 是一味地顺应自己的感觉,还是要有理性的选择? 形形色色的信息都是要依靠载体来传播的,如上文所说,现在我们最常用的载体是手机:个头小,重量轻,携带便捷。这种工具的出现使我们中出现了一个新的种族 —— 低头族。那么,到底是什么样的力量促使这些低头族对手机爱不释手,紧紧握住不放?

原因无非是用手机来打发零碎时间,比如在排队等人时;或是单纯地用来享乐。第一类情况的人还好说,对手机没有过度的依赖,但是仍有不妥之处。因为在碎片化的时间实在太多太多了，一味地看手机来打发时间，会忽略生活中很多美好的事物，甚至逐渐养成习惯，从控制手机，变为被手机控制。第二类情况的人，很大程度上已经是被手机所控制了，偶尔一次无可厚非，但是如果整日如此，甚至是爱不释手，经常会忘记自己要做什么，这样对生理、对心理的损害不言自明。

手机到底有什么诱惑？有什么东西能让我们坚持下去，乐此不疲？让我们来分析一下手机的组成吧。软件和硬件，硬件没什么问题，软件倒是有成千上万种，甚至各有不同，又各有各的联系。如短视频软件，在这些软件的某些版本中，一旦打开便会覆盖手机时间标识，让你"刷"了又"刷"，在无形之中时间已悄然逝去。除了短视频之外，另一类重要的手机的软件就是游戏，此种软件覆盖用户年龄范围较广，无论是公司白领、高校学生还是中小学在校生都有涉及，手机网络游戏摒弃了以往"网吧"主机游戏的不易携带性，手机游戏可以随时随地约上好友打上一局，在一局复一局中，工作效率没有了、考试成绩降低了、眼睛视力下降了。除此之外，这些短视频软件与游戏软件之间又有着千丝万缕的联系。首先游戏软件上的玩家来短视频平台发展，进行玩家的双向引流。其次，这些玩家中会有游戏"佼佼者"，短视频平台会邀请这些玩家在平台进行游戏直播，以进行更强烈的双向引流。

曾有新闻报道，某游戏玩家以打某款热门游戏创造了吉尼斯世界纪录，后来被视频直播平台以天价签约。它的价值与诱惑力自不用多说，有这样一个成功的例子，相信会有更多人会说做主播太好了，相信我也能行，于是投入到这场网络的"狂欢"中。游戏玩家玩累了，看一看主播玩的游戏视频，学习一下。好，满血复活，再打几局！我们玩游戏、刷视频得到的是暂时的感官满足，看似失去的只有最无聊的时间。但有很多潜在的东西，比如学习成绩、正确的价值观、健康的身体、与亲人的感情被我们忽略。很多人因游戏荒废了学业，逐步变成了自己最不想成为的人。

游戏、手机、欲望在重重塑造着我们每个人，稍有不慎，便可能变了形，再也无法前进，有的甚至倒退起来。我们该如何控制自己，不被网络所诱惑？希望我们不要逃避，认真想这样一个问题。玩手机对我的未来真的有利吗？长期这样下去我会怎么样？想明白了吗？想改变了吗？如果真的想改，可不是只是想就能实现,要去做。或许自制力差的应将手机交给家长保管,没有必要不碰手机。我们应发挥主观能动性,树立远大目标,奋斗拼搏。当然,以上措施仅供参考,希望每个人对预防诱惑有自己的见解,我们所做的不仅是表面,最重要的还是要发自内心地解决这个问题。发自内心地改变当下的自己,有些问题我们可以看得不够透彻,但是有些问题我们必须看得透彻。比如网络诱惑,他是诱惑的一种,这个世界的诱惑真的有很多很多,倘若我们连网络诱惑都无法抵抗,又如何在这个世界上立身?

何为诱惑?无非是我们心中的欲望而已,若是克制不住,迟早会犯下大错,但要是将诱惑变为一种动力,把欲望当作脚下的路去前进,那些诱惑便无法控制你。还有我们做的事情要为未来负责,要明白我们现在做的一切、所持有的想法,都可能影响未来的自己。有这样一句话说得好:如果遇到了过去的自己,你会不会请他喝杯咖啡?我们现在所经历的都在过去,现在的一切都随着时间流逝而淡忘,正如莎士比亚所说:"凡是过往,皆为序章。"往大了想,我们现在所遇到的诱惑对未来来说只是个笑话。我们只有将自己变得优秀,那些所谓的诱惑才可以唾手可得。往小了想,人只有不断地前进,才不会被时代所淘汰,才不会被当作失败者。

向高处走吧,我不敢说高处的风景有多美丽,但到高处的人生一定会很精彩,到高处的你看这一生一定不会太过后悔,等你老了,回忆往事,再看这诱惑,你会说:原来仅仅是如此。

指导教师:张安峰

教师评语:

该生能根据当下现实中存在的一些现象进行剖析,用一些简单的事例进行分析,比如当前青少年比较容易沉迷的短视频软件及手机网络游戏软件,从这两点出发,探求了当前网络对青少年产生诱惑、让青少年容易沉迷的原因,进而联系到自身。以学生的身份为立足点,虽偶有言语稚嫩之处,但仍不缺乏深度。在遣词造句方面,该生涉猎较广,在文中引用莎士比亚的名言来佐证"应正确面对网络诱惑,充实过好当下,才能拥有美好未来"的观点,较有说服力。

互联网与我

莘县第二中学　高二（6）班　杜海燕

很多年以前，当互联网刚进入我们的生活时，人们对这个看不见、摸不着的东西充满了好奇。然而，谁也没想到，在许多年之后的今天，互联网竟和人们的日常生活密不可分。

在今天，互联网与我的生活就如同影子一般密不可分，不得不说它的出现的确改变了我们的生活方式。

首先就是阅读。在互联网出现之前，我们只能通过书本来进行阅读。网络阅读为我们的生活提供了便利，价格也较为低廉。但是带来方便的同时也给我们带来了困扰和危害。比如，长时间的网络阅读不可避免的就是会对我们的眼睛造成伤害，当我们进行电子阅读时，时不时会有QQ信息、微信信息，以及各种广告会弹出来，从而影响我们的阅读质量。

其次就是交谈方式。互联网的出现极大便利了我们的交流。网络聊天可以让我们与远方的人进行心灵上的沟通，解决了我们在思念家人，想念好友上的苦恼。有时还可以通过网络聊天缓解我们内心的孤独。但很多时候，人们往往距离很近但在现实生活中却默不作声，反而在网络上交谈甚欢。偌大的餐桌上，自从有了互联网，家庭聚会时就少了一份快乐和温馨。所以说，网络交流给我们带来便利和快捷的同时，也大大影响了我们的交流能力。

第三，互联网改变了人们的书写方式。网络上全拼、九键、笔画、部首以及语音识字的出现，"键盘侠"等一些网络名词也随之出现。殊不知却大大丧失了我们用笔书写的功底。很多字能在手机上打出来，在纸上却不知如何下笔。因此，中华传承几千年的文字在互联网时代中变得不那么重要了。

我们学校多年来一直实行信息化教学，平板电脑出现在我们的课堂上，的确使我们的学习更加有效了，老师使用的课件可以随时发给我们，这样就缓解了老师讲课快，同学们跟不上的问题，课下就可以通过课件来弥补知识的疏漏。我们的作业也可以通过老师发测评的方式提交给老师,老师就可以随时收到我们的作业,既省时又省力。但是平板电脑进入课堂给我们带来便捷的同时也给我们带来了一些问题,比如上课容易分心,私底下搞小动作,等等。任何事物都具有双面性,互联网也不例外,它给我们带来便捷的同时,也让我们的生活更加碎片化、无序化、更加低效。那么,我们该如何对待它的利弊呢?又该如何正确地面对互联网呢?我们要合理地利用网络,只有这样,我们才会更加优秀。随着社会的发展,科技不断日新月异,我们也更加迷恋于网络,因为网络有很多我们想要的。就拿游戏来说,当今时代,男女老少都十分迷恋网络游戏。近年来,因为游戏荒废学业,走上歧途的人也数不胜数,适当玩游戏是可以的,但要合理利用时间,不要让游戏占据我们的内心。让眼睛和心灵放松一下,因为它们也会累。

在学校老师利用多媒体上课,放假后家中还有网上辅导,不懂的地方还可以通过网络向老师寻求帮助,有时不知道老师布置的作业是什么时,也不用大老远地跑到同学家去问了,直接利用网络交流平台一问便知,现在的互联网就是在为我们服务,我们要合理地利用好它,用它学习,我们要利用网络带来的便利,而不是让它改变我们,让学习成为一种乐趣,让心归零,明天就会更加美好。

网络世界丰富多彩,科技的变化,则是我们的动力,为我们服务,我们要合理地利用时间,利用互联网,让人生更加丰富,正确地面对互联网。我们还要学会约束自己。当我们学习时,需要用到互联网,当看到小说、游戏时,你是否能控制住自己的双手呢?当打开手机查阅完知识点或单词时,你是否能够关上手机,继续进入学习的状态呢?

学会约束自己才能达成理想。我们都知道,韩愈年少求学时,家贫无法看书,于是同人借书,即使天气寒冷冻得手指都不可屈伸,也坚定信念,在规定的日期将书送回去。因此有许多人把书借给他,最后他才有机会成为大学问家。孙敬、苏秦为了抵御瞌睡的欲望,头悬梁,锥刺股,最终两人皆功成名就,纵观古今,有哪一位伟人是在享乐中诞生的?有哪一位伟人没有勤于律己?当想点开娱乐软件时,仔细想想自己的梦想,自己的将来,还是将娱乐软件换成了学习软件,或是多练练字、做做题、看看书就控制住自己了。

所以说一个优秀的人往往能管住自己,要学会抵制来自互联网的诱惑。我校是一个信息化的学校,近年来推广的"一三五"翻转课堂也取得了很好的效果。利用互联网学习的确对我的学习成绩有所帮助,当我做题遇到困难时,可以查看搜索老师之前发的课件。本校资源也实行了"资源共享",甚至可以把不会的问题发到讨论平台,请求同学和老师的帮助。当你的课本没有找到,但还着急用时,你不要慌张,在这里我们有另一件法宝,那就是我们平板电脑上自带的"创学科本",里面包含了我们高中时期所需要用到的所有课本,这样就不会出现课本忘家了,没书看的尴尬局面,里面还有许多课外书籍,通过阅读里面的书籍,既丰富了我们的知识,又陶冶了我们的情操。

学校开设了小语种课,当学生遇到不会的单词时,可以通过平板电脑上的词典查找,不仅有那个单词的意思,还有用法和例句,对我的学习有很大的帮助。

指导教师:杨丽平

教师评语:

互联网虽然是一把双刃剑,但我们只要能约束自己,抵制诱惑,合理安排上网时间,我们就可以丰富自己的生活,开阔自己的视野,给学习,生活带来极大的便利。

信息教育伴我行

莘县第二中学　高二(1)班　刘恩博

今天我们身处"互联网+"的时代,这是一个灿烂辉煌的时代,这也是一个日新月异的时代。变则通,通则达。历史的车轮滚滚向前,如果抱残守缺不肯变通,定会被时代的浪潮遗弃。

今天,莘县二中凭借着"敢教日月换新天"的凌云壮志和"实干兴邦、敢想敢干"的精神,使教育信息化在我校成功推广。身为莘县二中的一分子,我们能切身感受到教育信息化给我们带来的便利。

这是一个最好的时代，这是一个"互联网+"的时代。随着信息技术的蓬勃发展，"秀才不出门，便知天下事"成为可能。信息拓宽了我们认识的广度，开阔了我们的眼界。教育信息化让我们只需动动手指便可获得大量的教育资源，得以改变自己，提升自己。

信息技术的发展与普及让我们看到了希望。传统教育获取教育资源难、获取慢，使得地域之间教育资源差异距大。与之相比，教育信息化可以优化教育资源配置，实现教育资源共享，是拉近地域间教育资源差距的有效措施。莘县二中为了提高学生们的学习成绩和自学能力，对此做了勇敢的尝试，并取得了喜人的成果。那么作为敢于追梦的二中人，是如何把信息技术运用到我们的学习当中的呢？

学校为我们提供了先进的教育信息平台，先进的教育方式和教育理念。从而激发了我们的学习兴趣，引导着我们走向创新，使我们的思想更加先进，还提高了我们的自学能力。对我而言，学校的信息化教育让我受益匪浅，特别是"一五三"翻转课堂，这种自己先预习，老师后答疑，由浅入深、层层递进的学习方式极大地提高了我的自主预习能力。预习后不懂的问题，学生合作探究，展示点评，最后老师精讲点拨。这样环环相扣的学习过程，符合了我们的认知规律，使我们的记忆更加深刻、更加牢固。其中核心素养的培育和养成让我对各个学科有了更深层次的了解，极大地提高了我的成绩。还有教与学平台的搭建，极大地拓宽了我的知识面，让我学到了很多新知识、新内容。每次测评我都是认真完成并积极提交，因为我认为提交测评不仅是对学习成果的展示，而且还能获得老师的精彩点评，了解自己的优点和不足，最后错题还可收录到错题本。每个星期天和临考前看一看错题本，是一个不错的提升成绩的办法。

创学课本上的标注由学生和老师共同完成，是对课本的拓展和补充。讨论区里反馈自己的疑惑并由专门的老师解答，让我不再害怕问题。甚至感觉每一次从发现问题到解决问题这个过程不仅是对自己的一次提升，还是一种享受。在本校资源中寻找自己想要的和需要的，然后收藏起来细细品味，让我有一种获得知识的满足感。学校已为我们提供了"弹簧床"，能跳多高就看我们对天空的渴望有多深，所以请从现在开始，为了自己的梦想奔跑吧！

凡事都是两面的，时代也是如此。这是一个最好的时代，也是一个充满诱惑的时代。但是我们能够通过自身的刻苦努力，抵制住这个时代的"诱惑"，经受住这个时代的考验。

白衣苍狗几千回，唯有"初心"长不改。"互联网＋"时代带给我们更多的是便利，但也有一些小小的"瑕疵"。"互联网＋"时代的特点之一就是大信息量，大量信息必然会导致信息的复杂多样。带来的不仅有正能量的、有益的，还有一些负面信息。这样也就造成了信息的参差不齐，使我们要花费大量时间去筛选出有益信息。但是乱花渐欲迷人眼，海量信息容易让人迷失自我，失去目标。

所以我们要牢记自己的"初心"——学习，根据自己的需求，快速搜寻所需信息，而不是在网络平台上漫无目的地游荡，从而浪费大量宝贵的学习时间。同时老师在教与学平台上共享教育资源时都按照单元课时上传，平台上的搜索筛选帮助我们在海量的教育资源中找到自己想要的，也帮助我们节约了大量时间。只要我们始终怀着学习的信念，只拾取有用精华，莫贪无用糟粕，我坚信我们一定会从中学到很多东西。愿你我千帆阅尽，依然不忘初心。

咬定青山不放松，立根原在"课本"中。"互联网＋"时代的另一个"诱惑"就是让许多人过于注重获取信息，从而忽略了传统的学习方法。就拿阅读而言，电子书更新之快，阅读之便捷，让更多的人难以沉下心来深入阅读，难以与文本进行深层次的对话，无暇反思积淀，大多停留在"浅尝辄止"的程度上。

针对这一现象，我校对此也做出了有效应对，采用教育信息化与传统教育相结合的方式，使教育信息化更好地推进。"一手拿着科技的利剑开辟未来，一手拿着传统的药箱给前进的人类疗伤"。在营造书香校园时，采用师生共读一本书的形式：老师和同学们共同阅读纸质书籍，通过讨论区发表自己的观点和阅读感受。我们要牢记：利用信息技术的同时不要忘记它只是一个辅助我们提高成绩的工具，切莫本末倒置。所以，在我们浏览参考课件、教学文档时，千万不要忘记课本的学习，正如我们的地理老师常说的"以本为本"，以课本为主，以网上资源为辅，方能使我们在学习中所向披靡，使我们追求梦想的道路更加宽广。

唯有时代,用之不尽,取之不竭。我们要怀着必胜的信念,用学校提供的工具,挖掘时代的宝藏。秋瑾曾说过,"画工须画云中龙,为人须为人中雄"。作为新时代的中国青年,同时作为追逐梦想的二中人,我们要扬起奋勇前进的风帆,驶向时代发展的彼岸,成为新时代的弄潮儿。今天我以学校为荣,明天学校以我为傲。

指导教师:仲桂娟

用一张"网"连接

莘县第二中学 高二(6)班 陈丽晗

春去秋来,严寒酷暑相继更替,时光拐过斑驳的残垣,不知已过去几个秋,来到当今日新月异的时代。

现在的时代早已改头换面,丝毫不见几十年前踪影。如今的我们正生活在如蜘蛛网般的网络信息化时代中,那什么是互联网呢?简单来说,互联网是网络与网络之间所串联起来的庞大网络。而互联网可以使我们所经历过的事情信息化,而这种信息化的发展对我们来说是很重要的。

在一分钟以前你可能还对世界上的国家一无所知,但通过互联网,你可以马上知道每个国家的现状,大大地开阔了我们的眼界。它的存在,正在不断地减少我们与世界的距离。几十年前,相隔千里,身处异地的两人,还只能靠书信往来,而如今,只需要一部移动设备就可以随时随地视频,互联网连接了你和我。

通过互联网,可以使信息快速传播,知识全面分享,你我也可以了解从未涉及的领域,无数的人在网络上分享着自己的喜悦,无数的人在网络上展现着属于自己的发光的一面,无数的人通过互联网实现了自己的理想,互联网的发展也使我们更多地了解到悠久的非物质文化遗产,发扬了华夏文明,网络也向我们展示着它独有的魅力。

上至耄耋老人，下至稚幼孩童，网络贯穿着他们的生活，产生了不容小觑的影响。网络是把双刃剑，有利也有弊，这是不可否认的，随着互联网的快速发展，所引发的弊端也逐渐显露出来，网络诈骗频频发生，违法犯罪的事情也渐渐增多。

但这些只要提高我们的安全意识都是可以避免的。但我认为，对我们而言，最大弊端却不是这些。只针对学习方面来说，是利大于弊。为什么我会这样说？

那就让我们追溯到源头，看一看引起弊端的原因。归根到底还是自己的自制力不强，才会被网络上一些虚无的东西所控制，深深地陷入其中，不可自拔。为什么有人沉迷在网络游戏中，甚至还有一部分人会造成不可挽回的损失？只不过是因为人生没有目标，心中没有理想罢了，这才会在网络游戏中寻找快感。但还有一部分人，他们却不受网络弊端的影响，他们利用网络自学一门语言，自学一项技术，他们也结交上许多志同道合的伙伴，结识更优秀的人，遇见更优秀的自己。他们可以把网络平台的优势发挥到最大化，去做更值得做的事。

相对于我们而言，网络所带来的不只是娱乐功能，更多的应该是学习作用。互联网涉及知识的方方面面，上至宇宙天文，下至生物细胞。再加上近年来各种辅助学习 APP 的研发产生，甚至不用再局限于某一个学习场所，随时随地就可以解决你的疑难问题。网络学习已经融入我们的生活中。就好比我校施行的平板电脑教学，课堂上，老师利用学习平台各种功能调动了课堂的活跃度，各类课堂活动也吸引着同学们积极参与到课堂活动中来，真正地参与，随堂的检验，大大地提高了课堂中的学习效率。课下老师利用平台也会推送学习课件和各种学习资料，以帮助大家查缺补漏，在课余时间，同学们也可以自己翻看课件，整理知识点，不仅可以补上同学们在课堂上遗漏的知识，还有利于知识点的巩固，这相当于又复习了一遍，还实现了学习地点自由。只要有网络的地方，就可以学习，这不仅有利于同学们的学习，还大大节省了老师的部分时间。现在，直播学习也逐渐进入人们的生活。

在 2020 年的疫情中，所有人防疫在家，这也让网络直播学习初露头角。

直播学习改变了传统面对面上课的方法，就算不见面也可以传播知识，这也实现了教学不受地点约束，这一切都是因为互联网的快速发展，拉进了人与人之间的距离，只要有网络的存在，一部通信设备就可以让你收获知识。

互联网的发展也使更多的人拥有了受教育的权利。以前在网络还不发达的时候，偏远地区的孩子们甚至连看一看外面世界的机会都没有，那一片小小的天空就是他们的全世界。而现在，随着互联网的发展，更多的人知道了他们，更多的人给那群孩子带去了知识，带去了希望。于是，不断地有人走出了那片土地，走到了更美好的地方。互联网的发展，也使那片土地上的孩子们了解到了更多的知识，开阔了他们的眼界，这无疑坚定了他们要走出去的信念。由此可见，互联网的作用是巨大的。

指导教师：杨丽平

教师评语：

事实证明，互联网的利弊主要是取决于你是怎么去利用。是整日沉迷于虚无的事物中难以自拔，越陷越深，直到葬送自己的青春。还是利用互联网提升自己，实现自己的理想，成为自己的英雄？凡事都是有两面性的，没有绝对的好，也没有绝对的坏，而只有充分地利用好互联网，才会提高自己，使自己变得更加优秀。互联网仍继续发展着，互联网的潜力是无穷大的，作用是具有非凡意义的。面对教育的网络式发展，我们更应做到趋利避害，取其精华去其糟粕，而面对互联网的诱惑时，我们更应坚守住立场，心怀梦想，做到不负青青、不负理想，让我们共同期待着我们的未来，共同期待着互联网的明天。

学生如何利用信息化提升学习效率?

我们学校的学生生源较少,学生刚入校时学习积极性不高,注意力不集中。我校利用信息化技术,高效地完成教学任务,并培养学生的学习兴趣,学生们是如何转变的呢? 看看他们怎么说。

走进二中,感受信息化别样学习

莘县第二中学　高三 (4) 班　王　琳

因为中考成绩不够理想,我对学习曾一度丧失信心,后来在家人的劝说下来到二中,开始了高中的学习。

学校上课需要用平板电脑,刚开始拿到平板电脑的时候觉得特别新奇,不知道这个东西上课怎么用,一头雾水。上课时,老师先是培训我们如何登陆平台,如何在平台上找到当堂课可使用的微课、预习评测等资料,这一下子激起了我们学习的好奇心,以极大的热情投入到新的学习方式中。这种新型的学习方式带给我们的不仅仅是学习渠道的增多,学习方式的转变,更多地给了我们学习的自主权,增强了我们的学习兴趣。

每堂课上课之前,老师总会把要上的课堂内容分类型做成视频或者文本上传到教与学平台,然后我们就可以登录平台找到自己需要的东西了。

在正式上课之前,老师会把学习任务单提前发给我们,也会在教与学平台上传我们需要的学习资料。在自主学习课,我们在平台里找到当堂课的自习流程,根据提示完成自主学习任务。有时候老师也会在教室大屏幕上提示出本课的自主学习流程。同学们按照流程在教材中勾勾画画,完成教材自学和自主学习案。期间，根据学习需要，我们打开平板电脑观看本堂课的微课，同时做好学习笔记。

平台上的微课可以反复观看，也可以自由地拖动来调整播放进度，我们可以根据自己的学习需要选择学习的内容。自主学习过程中遇到了疑难问题，可以通过平台在同学间讨论解决，也可以线上跟老师交流。预习结束，我们还要完成平板电脑上老师上传的"在线测学"，检测我们的预习效果。

这样，新授课堂就主要变成了我们的阵地，老师把我们自主学习课遇到的难题抛给我们，由我们讨论、展示与点评。课堂的第一个环节往往是老师的"反馈点拨"。上课后，我们老师会根据自主学习案、自学反思以及平台上在线测评的后台数据进行精讲点拨。这很好地适应了我们学习的需求，我们再也不会因为老师泛泛而谈睡觉了。

课堂的第二个环节是自主学习"互动探究案"。老师点拨预习的难点结束后，会根据"互动探究案"组织我们对"互动探究案"上的问题自主学习。第三个环节是我们对自主学习的问题进行小组合作讨论，相互取长补短。第四个环节是我们将学习结果分组展示与点评。

展示是我们同学最喜欢的活动，我们每一个人都可以获得展示的机会，并且形式灵活多样。例如，板演、背诵比赛、分角色表演；还可以通过平板电脑拍照上传，老师利用平台分屏展示我们的学习成果然后根据我们的展示情况随时点拨，也会让我们学生自主点评。这个活动能让我们清楚地看到自己的问题，准确即时地纠正自己的错误，同时还锻炼了我们的语言表达能力，促进了我们的深度思考。

我的点评是……这道题我给出的分数是……我的总结……做这类题应该注意这样的问题……有不会的吗？还有什么疑问吗……我们小组还有另外的解法，我觉得我们的解题方法更为直观……

每一位走上台展示的同学都尝试着这样思路清晰地表达着自己的观点，无论是点评的同学还是被点评的同学，都会认真思考，积极对待，我们再也不会觉得学习与自己无关了。有时候在我们讨论与点评中观点不一致，甚至发生争执，但在争执的过程中，我们对知识的认识却越来越清晰，对概念的把握越来越准确。同时我们还可以利用平板电脑录下某一个展示过程，以供基础差的同学在课下反复观看，慢慢学习。这样所有同学都告别了课上听不懂、课下不会学的苦恼。虽然有些同学还是不能超越别人，不过在这样的课堂，总会有所收获。

最后的 3 分钟，往往是我们自己对本节课的学习进行归纳、反思时间：归纳本节课的知识体系，回顾学习的重点、难点。

很快，两年过去了，很难想象，像我这样对学习丧失信心的学生又重新燃起了追梦的激情，就这样无可救药地爱上了学习，如今我再也不会谈学习而色变了，甚至在课堂上我可以侃侃而谈，对知识分析得头头是道，我的成绩也顺利升至年级前三名。自信又重新回到了我的身上，我想明年的高考于我而言已是成功在望了。

忽然想起了一句马云的话："很多人输就输在对于新兴事物第一看不见，第二看不起，第三看不懂，第四来不及。"是二中及时抓住了信息技术飞速发展的机遇，将信息技术应用于课堂教学，帮助我们在高中时代实现了完美蜕变。

感谢二中让我重新找到了自我，感谢二中又给予了我飞翔的翅膀。

乘信息化东风，摘取知识硕果

莘县第二中学学生　刘亚新

中国，古称九州，是古老神秘的东方国度。你们对她的印象或许仍停留在丝绸、瓷器中，但在信息化的火炬高高举起的时代，信息化之光早已遍布神州大地，在在面前的是一个崭新而又充满活力的中国。

信息化之光催生了"中国力量"：中国正如版图上的雄鸡，昂首阔步；着眼在长处，你会看到中国国土遍布的学习网，"威震四海"。校园里，你会看到智能媒体与老师相结合的教育方式，漫步到我们的学校，智能化全面覆盖，食、住、学全部为我们提供了便利，一卡通"可以解决接水、吃饭、门禁等问题，从前只是我们想象出来的，但我们学校乘着信息的东风，摘取了属于我们自己的知识硕果。

信息化已经来到我身边，"一五三"翻转课堂上，我们可以利用平台去学课堂之外的知识，可以提高我们的思维能力，我们还可以在平板电脑上做测试题，帮助我们巩固知识，加强基本知识点，进一步去学习更多的知识，我们利用信息化，改变了固有的学习方式，使我们可以进一步了解中华文化的博大精深，源远流长，我们的校园全面跨向"智能化"。

信息化带来的"小速度"是校园里的"刷脸"，现在我们学校学生可以不担心因卡丢失无法吃饭，可以直接进行刷脸吃饭，这给我们学生提供了极大的方便，这是渗透在学生日常生活每一处的便捷，也是信息化速度细致的关怀。

智能化、信息化是树干，"多媒体""刷脸机""一卡通"则是它的枝叶，我们学校之所以可以那么智能，这些都要感谢于信息化的普及，因为信息化我们有了"一五三"翻转课堂；因为信息化，我们才有机会为每个学生提供合适的教育。

"问渠哪得清如许，为有源头活水来"。自古以来青年是民族的希望，国家重视青年的教育，正如我们学校里的"全员育人"，为每个学生提供了合适的教育方式，我们搭上了信息化这列快车，为教育方式提供了创新。

以我为例，我数学不好，偏科严重，我不仅可以在课堂下听老师讲，而且有不懂的问题可以直接看老师在平板电脑上发的微课和课件，双重教学为我提供了合适的教育方式，让我了解到信息化这列快车是多么的重要，对我的学习以及生活有太多的帮助，提高了我对学习的热情，对知识的渴望。

从"科教兴国""人才强国"到建设"创新型国家"，我们的校园已逐步成为智能化校园，让我们身边处处有信息，时时享受着信息化成就。

一个伟大的信息时代已经到来，时代呼唤信息进步，时代要求全体成员提高信息化意识，而我们已经乘上了这列快车，我们应乘信息化东风，努力去摘取属于我们自己的知识硕果，正如梁启超先生所言，"日出东方，其道大光。"如今的中国，因冉冉开起的信息之光而欣欣向荣。信息之光照耀九州，我们应踏着信息之光，去寻找知识的果实，品尝知识的美味。

指导教师：孟文强

教师评语：

"问渠哪得清如许，为有源头活水来"。信息化带给孩子们的不仅是技术层面的革新，更是他们对学习方式的一种崭新的认知，莘县第二中学的"一五三"翻转课堂为学生提供了最适合的教育。

好之者不如乐知者

莘县第二中学 高三（7）班学生 张新蕊

我是莘县二中的一名普通学生，在二中学习两年多了，在这两年多的时间里，我们学校的课堂形式也在不断地变化，尤其是现在面对信息化学习，我自己有很多话要说，但又不知从何说起。这里就说说信息化学习带给我们的乐趣吧！

由于在初中没有养成良好的学习习惯，刚刚进入二中时成绩处于班级下游，各学科的学习都让我感到吃力，进步较慢。因为进步慢，我对自己的学习看不到希望，失去了信心。但我又不想就这样消沉下去，放弃自己，我要找到一个解决的办法。学校施行了课堂教学改革，也就是信息化教学，我平时就喜欢上网，在网上看一些东西，我们的课堂也用平板电脑，在网上学习，看看视频，这让我学习的兴趣又增强了。

我校实行了信息化教学改革，老师们都利用笔记本电脑、互联网、学校的教学平台等进行备课，老师们把精心制作的电子教材、学习任务单、微课、测评题、课件、学习素材等都通过网络发送到教学平台上，供我们学习时参考、运用。

我们在自主学习课上，按照老师安排的学习任务，观看电子教材，完成学习任务单，观看微课，解决疑难点问题，做在线测评，检查巩固预习情况。有时，老师也会给我们点拨一下应注意的问题，特别是在观看微课的时候。老师们制作的微课都很精美，都是针对课本上难理解的知识点做的，我们学习以后就能很好地理解了。有的看一遍不理解，就再看第二遍、第三遍、第四遍，直到看懂理解为止。微课里既有老师们对知识点的讲解,也有学习方法、解题技巧的介绍;既有理论分析,也有丰富的事例、图片,精彩纷呈。

所以,有很多微课我看了又看,不知看了多少遍。古人云:"读书百遍、其义自见。"微课看多了,对知识的记忆与理解也能深刻。

自主学习课提高了我的学习兴趣,激发了我的学习积极性。而探究课更是让我非常喜欢。如果说自主学习课主要是让我们自己学习,培养我们的自学能力,那么探究课则主要是引导我们学生之间合作学习,培养我们合作学习的能力,还有团队精神、集体主义精神、互助精神。

课堂上,老师把我们在自主学习阶段所做的在线测评和学习任务单中出现的问题点拨之后,通过各种方式解决难点问题。有时,老师通过平台组织我们抢答,同学们抢得不亦乐乎,各组之间、小组内部都竞争得很激烈。有时,老师让我们小组进行讨论交流,再把讨论的成果用平板电脑拍照上传到教学平台,老师再在智慧黑板上进行展示,并点名或用抢答的方式让我们学生点评、质疑,最后老师再做总结。

我们在平板电脑上答题的时候,可以用手写工具写、画,投送到智慧黑板的显示屏上,显示屏上也能显示出来我们写的、画的内容,这比在本子上写快多了,节省了不少时间。这样的课堂,我觉得一节课大家的积极性都比较高,学习的效率也提高了,原来爱睡觉的同学也不睡觉了,一节课四十分钟很快就过去了,同学们之间的互帮互助、你追我赶,成了日常学习的常态。课下学习时,如果遇到了问题,我可以通过教学平台把它发送到老师那里,老师看到后就可以在线解答或者回过头来再看看微课。有时,我也利用平台的这个功能跟老师说说心里话。

信息化教学与学习,让我的学习积极性大大提高。无论自主预习课,还是探究课,还是课下的学习,我都非常主动、积极,充分利用平板电脑和教学平台认真观看、学习老师上传的资源,努力吸收知识,争取消化掉所学的知识,学会老师教给的所有技能。信息化学习增强了我学习的信心,丰富了我的知识,提高了我的学习成绩。同时,信息化学习也开阔了我的视野,增强了我与老师、同学的友谊。在老师和父母眼里,我像是变了一个人似的。

现在是高中阶段,是我人生的关键期。我一定在老师的指导下,充分利用信息化提供的有利条件，增强学习的自信心，努力学习，刻苦拼搏，为高考的胜利打好坚实的基础。我坚信，信息化一定会助我高考成功！

信息化给我的学习带来无限的乐趣，让我喜欢上了学习。我感谢信息化！感谢莘县二中！更感谢关心我、帮助我的老师们！

指导教师：孟文强

教师评语：

教学方式的改变，不仅让教师感到了无限的便利和乐趣，而且让学生也深刻感受到现代科技技术对学习的冲击，感受到学习方式的变化给自己带来的便利与乐趣，学生的学习动力得到大幅增强。从学校现行的"一五三"课堂教学模式来看，课堂中学生学习的主动性和积极性更加高涨，学习氛围更加浓厚。

第七章 "互联网+"时代育人方向新探索

信息化背景下师生关系的新特点

教师和学生是学校的两大主体,共同促进学校的发展,使学校教育生生不息,教师和学生的关系是教育活动中最为普通和最为重要的关系。从小学到中学,再到大学,不同的教育阶段,师生关系有不同的内容和与之相应的表现形式,作为社会关系的一种特殊形态,师生关系与教育的发展和社会的进步紧密相连,并呈现出鲜明的时代特征。

一所学校办得好不好,固然要看教学成绩的排名、标志性的科研成果和服务区域经济社会的成就,但是更要看这所学校师生的精神风貌和师生关系。好学校的教师有其独特的人格魅力,好学校培养出来的学生有其明显的精神印记。师生学习共同体不仅是一种学习的协作组织,它更是教师和学生精神成长的家园。在这个共同体中,并不只是学生的学习过程与教师教授过程的融合,更是教师和学生之间精神和心灵的碰撞,情感、思想和智慧的交融。在这个共同体中,教师和学生关系在理解、信任、交流、互动中臻至完善,达成共识,增长智慧,体验生命,完善人格,这就是教育的真谛和教育的本真。

互联网时代对教师提出了更高的要求,好的教师如同一条奔流不息的大河,源源不断地为孩子成长提供助力。社会发展日新月异,学生接触的东西越来越多,教师要与学生同步学习,才能给孩子提供更好的发展机会,为学生成长指明方向。教师要用自己对生活的热情影响学生,用自身的幸福体验影响学生,一代一代不断传承,让校园真正以学生为中心,教师成为学生的守护者。

互联网时代良好的师生关系有两个关键词:一是尊重,学生实际上是学习的主体,传统的那种老师高高在上的观念行不通了。当孩子觉得老师与自己是平等的,像朋友一样,老师才能走进他的生活。二是理解,孩子所处的时代、年龄段、心理特征都和与过去有所不同,老师不能用老经验或者老眼光去看待孩子的言行举止,要用新观点去理解他们,包容他们。

随着时代的发展,很多学校已经开始尝试着通过网络进行教学,iPad 进课堂已经不是什么新鲜事了,甚至有教师开始尝试利用微信、VR 等技术进行教学,新技术的融入使得课堂教学更为生动、立体。

在课堂教学之余,师生之间也开始利用网络平台和社交媒体进行交流。当社交媒体变身为第二课堂,教师的形象就会变得更加立体化。校园里的教师和学生在教育、教学过程中彼此所处的地位、作用和相互对待的态度等,都因为教育技术的发展而产生变化。一方面,让课堂学习得到了延续,学生可以及时得到知识的补充;另一方面,教师与学生更加平等,这样更利于学生接受教师,师生关系也会变得更加融洽。

事实上,新媒介科技已经在改变教育的方方面面,可以预见的是,学生的学习需求将面临改变,他们将会有更灵活的学习进度,更多元的交流方式,更广博的数字资源库以及更多地利用定位设备传感器和信息资源学习的机会等。

时代在进步,学生在成长,教育当然也要改变,更重要的是,这些变化一定会引发校园内师生关系的变化。在实际的教育教学工作中,每一位教育工作者都应该直面"互联网+"教育背景下校园内师生关系的变化,认真思考并且共同面对。

随着网络化教学进一步在全国推行,互尊互爱、民主平等、合作互动的现代新型师生关系成为时代的必然。

因此,要使"互联网+"真正成为教育发展与创新的新引擎,必须发挥校园和网络的各自优势,并在融合共赢上多下功夫,而课堂教学的开放与坚守,都应服务于教育的根本目标——促进与成长。

那么,一个"互联网+"时代的智慧课堂中,教师和学生的关系是什么样的呢?

"互联网+"时代背景下,师生间的关系有一些变化,老师需要给予学生更多的尊重与关怀,鼓励学生在课堂中积极思考、努力发言,把自己当作课堂的主人。

在智慧课堂中,人工智能和大数据技术得到了广泛应用。尽管教师比学生拥有更丰富的阅历和知识储备,但是在海量的学习资源库和名师精品课面前,学校的每一堂课,都有继续提升和优化的空间。因此教师应该转变思想,增强自己的信息技术应用能力与教学素养,利用先进的技术进行高效课堂设计,从知识的传授者转变为学生的资深辅助者。教师应尊重学生的想法,引导学生大胆阐述个人观点,提出问题,尽情表演,尝试体验自主学习的愉悦。

尽管互联网上存在着大量的名师、名校课程资源和海量的习题,但是学生依然会遇到难以理解的专业知识点和无法弄懂的问题。这时,教师应该及时为学生答疑解惑,帮助学生排除孤独感和挫败感,消除影响学习情绪的负面因素,提高其学习兴趣和热情。

另外,教师对知识的理解应注意多元化,更多地与学生理解相近,让师生对知识的理解在课堂教学中相互融合、相互补充,启迪学生在更多方面、更多层次创新发展,使其扩展知识的深度与广度,提升学习效果,培养他们的学习信心。

不管是课堂上还是课堂外,师生之间都要互相理解。和谐的师生关系需要建立在理解的基础之上,并通过师生间的"情感互动"来实现。师生交往要敞开心扉,以真实的情感坦诚交流,达成相互理解、相互信任,形成一种良性和谐的教育氛围。

在课堂上,师生间的交流互动必不可少。这有利于师生间产生一种良性的激励机制,促使双方互相合作,创造一种和睦、融洽的师生关系,从而推动和促进教学的发展。

与传统课堂相比,智慧课堂中的师生互动频率大大提高。人工智能、大数据分析等技术为课堂中即时的交互式学习提供了基础,短时间内迅速反映学生们不懂、不会的地方,方便让教师有针对性地实施教学。

以莘县二中智慧课堂为例。在课前,教师创建任务单、发布微视频、学案、测试等学习资源,学生在任务单的引领下进行课前自主学习,观看微课视频、做检测试题、查看教学文档,并在平台上与同学和老师互动交流,实现深入、高效学习。

在课堂上,教师可以通过在线学习平台提供的数据,及时获取学生自学情况,实现以学定教、先学后教。这样一来,教师不再占用过多的课上时间讲授基础知识,而是主要通过学生的展示交流、合作探究、检测提升、实验实践等教学活动,帮助学生快速理解、吸收学科知识,同时实现对学生语言表达、自主学习、合作探究等能力的培养,真正打造以学生为中心的高效课堂。

"互联网+"时代的师生关系,只有建立在平等基础上的互相尊重与互相理解,才能在教学的过程中体验到教与学的快乐,促进教育教学的进一步发展。莘县二中在"互联网+"时代深入探索,深耕教育科技领域和专业教学教研,为帮助教师提效减负,帮助学生真正获益。

总之,学校要充分利用互联网信息技术,鼓励与引导师生交流互动,深化学生学习规律的研究,重视师生互动在学生学习以及人才培养质量提升中的重要作用,通过强化师生交流,互动整合各种教育资源,真正地将创新型人才培养从愿景变为现实,实现中国的人才强国战略,实现中华民族的伟大复兴。

融合与创新 —— 传统文化与教育信息化

中华传统文化是我国几千年来的文化沉淀，是中国人民共同奋斗的结果，是共同的理想信念与民族精神的体现。现代教育课堂中有很多优秀中华传统文化的体现，莘县二中以信息化教学为工具，在课堂教学中渗透中华文化的优秀思想，使教育信息化与传统文化完美融合，创新与传承加速学校的发展学生的成长。

在课堂教学中将优秀的文化传授给学生，培养学生正确的文化价值观，普及其诚信之风，弘扬其刚正之气，乃至对学生今后的人生发展、社会适应能力都会具有重要的意义，与我国当前正在大力弘扬的社会主义核心价值观不谋而合，值得我们大力提倡。

在信息课堂上不仅是要传授理论知识，还要注重渗透中华传统文化，在信息教学中，根据教学实际，利用信息技术创设必要的情境，给学生提供接触、感受中华传统文化的渠道，以情景化的形式，信息化的技术让学生在特定的文化环境中进行甄别、汲取，使他们在活动中感悟文化、体验文化，规范自己的言行举止。

我们抓住信息课堂这方阵地，利用信息化技术和多媒体教学方式巧妙而不失时机地将这些优秀的文化传递给学生，让他们了解中华传统文化，研习中华传统文化，爱上中华传统文化，进而继承和发扬优秀的中华传统文化，让我们优秀的中华传统文化长盛不衰。

目前，国学教育进校园，仍在探索阶段，我们立足现实，利用信息化教学找到一条通向理想教育的路径。让教育信息化与传统文化相融合，以信息技术让国学教育进入校园。

一、传统文化进校园途径 —— 晨读、午修、暮省

晨读：每日早自习诵读经典 20 分钟。在经典中汲取精神营养，学会为人处事之道、提升人生境界。

晨读是让师生共同穿越诗歌与经典，教师与学生一起朗诵、一起感受。老师会在每周对于晨诵的内容有一个统筹的安排，各班要在黑板一侧开辟"日有所诵"专栏，将每月的诵读内容记录下来，让孩子们心中有准备，视觉能看到。

二、信息技术在课堂教学中的整合作用

1. 信息技术激发学生的学习兴趣。

众所周知，学生在学习的过程中要有一定的兴趣，在兴趣的基础上才会有对知识的探究精神。因此，教师要在开展教学的过程中不断地调动学生的积极性，让他们形成学习的热情。我们利用现代信息技术可以创设相关的情境，让学生在情境中进行学习，激发他们的学习兴趣与课堂教学的整合，是我们教学设计本身优化的一种方式，也表明了这是适合学生的学习方法，鼓励学生不断地进行探究创造，让学生在乐趣中学习掌握，进而不断地发展。

2. 信息技术是信息课堂教学整合的初步方法。

信息技术中一个非常重要的应用就是多媒体课件，我们在进行课堂教学的过程中，应用多媒体课件可以更好地展示我们每节课中的重难点，让学生能够有一个清晰的脉络。多媒体课件其实已经从一种辅助的教学变成了一种主要的方式，具备了整合的相关特点，不仅仅学生能够更好地掌握知识，教师也能够了解学生知识掌握的程度，对教材内的知识进行深挖掘，从而提高学习效率，帮助学生更好地进行合作交流。

三、利用信息技术在课堂教学中渗透中国传统文化

1. 信息技术与课堂教学的整合。

课堂教学中有很多知识点都对中国传统文化有一定的体现，老师抓住时机，让信息化技术与课堂教学有机融合，在提升学生信息技术的同时了解

中国传统文化的魅力。例如,在语文学科中,古诗词是中国传统文化的一大体现,具有多元化的优秀文化体现,有传统美德、传统人生观、价值观、爱国主义等。我们利用信息技术的特点,采取更有趣的教学方式和策略。例如,让学生根据对古诗词中优秀中国传统文化的理解寻找素材,制作 PPT,教师由执教者转换身份为协助者,充分发挥学生的主观能动性,调动学生学习积极性,以中国传统文化为线索,促使信息技术与课堂教学完美融合。

2. 信息技术与中国传统文化的有机结合。

近年来,素质教育得到了越来越多教育工作者的认可和支持。信息技术课堂,较之其他学科在弘扬中国传统文化方面更具优势。因为,其本身就是与时俱进的课程,加之教材的不拘泥性,而且又可以优先利用多媒体、网络等先进的教育教学手段,正好是在课堂上、学生中弘扬传统文化的大好阵地。例如,当我们讲到"搜索引擎"这一节时,可以在搜索内容上与中国传统文化挂钩,让学生查找相关的传统文化知识,在"文章编辑"这一节时,教师可以提供给学生古代的名篇或者是耳熟能详的诗歌,同样可以达到练习编辑技巧的目的;学习"上网浏览"时,可以让学生登录到优秀文化版块的网页,保存所对应的图片、文字题材;学习"制作幻灯片"时,教师提供给学生与中国传统文化密切相关的练习素材,照样可以完成教学任务。当然诸如此类的方法不胜枚举,但无论哪种,都是殊途同归,最终都能达到这样的目的:既让学生学习了信息技术知识、技能,同时又对学生们进行了传统文化的熏陶。学生在完成教学任务之余,可以结合视频播放,动画演示等方法,使其对传统文化耳濡目染,此举必然会一举多得,事半功倍。

3. 借助现代信息技术,增强学生学习中国传统文化的自主性。

(1) 借助相关网络资源,让学生主动探索知识。

信息技术的快速发展及网络的优越性,让我们可以更快地选择所需要的信息。对于学生来说,他们可以借助网络获取所需要的资源,互联网上关于中国传统文化的资源非常多,而且涵盖面比较广,教师可以根据目前所学的语文知识点引导学生自主地去互联网寻找同类资源,一来可以节约他们的时间,使学生更便捷地获取知识,更主动地投入学习,更自觉地进行探索;二来也培养了学生动手能力和思考能力。

（2）引导学生自主学习。

现代信息技术的发展中，我们更多地应用了人与机器的互动，让学生充分地调动不同的感官，使智力和非智力因素都能够进行一定的交互，从而促进他们学习欲望的提升，能更好地去认识这个世界。教师起好引导作用，让学生有目的性的在互联网资源中探索中国传统文化的博大精深，并让学生在课堂中做自我总结、互相分享，借此提升学生们的自主学习能力。

在信息课堂教学中渗透传统文化是一个艰巨而又光荣的任务，老师应该合理利用现代化教学手段，充分发挥信息化教学的优势去引导学生快乐学习，自主学习，不但要明白课本里面的知识点，对于课本外所涉及的中国传统优秀文化更应该融会贯通，赋予课堂教学以灵魂，我们相信，在我们全体教师的共同努力下，中国传统文化将在美丽的校园里，发出新芽，结下新果。

信息化时代学校的德育实践

—— 莘县第二中学在学校德育方面的实践

互联网经过十几年的发展,不仅对我们的生活方式与价值观念产生影响,而且在政治经济、文化各个领域都产生了巨大影响,这种影响在教育领域更为明显,它无疑使教育资源得到了最为有效的开发和利用。但是,网络带给教育领域的不都是积极的一面,也有负面的影响,其中一个最突出的问题就是网络对道德教育的冲击,从而使学校道德教育不得不面对这一新的课题 …

网络的发展对学校德育产生的影响是多方面的,包括对道德教育目标和内容,德育渠道和手段以及道德教育效果等多个方面,面对网络环境,学校道德教育必须作出积极回应,通过研究探讨网络发展所带来的伦理道德方面的复杂性影响,以制定有效的防范措施来保证网络建设的健康发展。

一、互联网对青少年的负面影响

互联网对现有的道德观念、价值观念产生了影响和冲击。针对诚信,造成一些学生认为在网络这一虚拟空间里没有必要讲诚信。

互联网的全球性特征,导致部分青少年的思想混乱。由于各方面的原因,使得先进与落后的信息充斥网络,淫秽、色情、暴力、丑恶、反动日内容也在网上广为传播。腐蚀学生的灵魂,对良好的道德品质的形成产生强大的冲击。使青少年形成西化的倾向,民族观念和爱国主义思想淡薄。

三、"网络上瘾症""网络孤独症"对青少年的身心健康构成危害与威胁。网络空间到处都是新鲜的事物,对易于接受新鲜事物的青少年有着无限的吸引力,这种吸引往往会导致青少年对网络的极度迷恋。沉溺于网上冲浪而严重荒废学业,导致不正常的社会沟通和人际交流,脱离现实,孤独不安、情绪低落、思维迟钝、甚至有自杀意念和行为。

针对以上情况,我校自 2008 年始,足学校实际,创造性地提出 "1+N" 育人机制将信息化时代下道德教育落到实处,取得了良好的育人效果。

"1+N" 机制,将育人工作贯穿于学生学习、生活的始终,对学生成长全面呵护与帮扶,引导学生积极人生观、科学世界观和正确价值观的形成,养成良好的习惯,健全学生的人格,激发学生的内生动力,使每一个学生都能健康成长,为每个学生提供适合的教育,促进学生的个性化成长,提升教师的育人水平,完善普通高中学的育人体系,建立普通高中立德树人的实施机制与路径。

"1+N" 育人机制主要包含 "全人员育人" "全过程育人" "全领域育人" 三个方面的内容。

1. 全人员育人:全员参与,人人有责。

"全人员" 体现在所有教师都担任导师,采用 "1+N" 的形式,一位教师负责 10—15 名学生,运用导心、导学、导行策略,对所负责学生进行指导。上至校领导,下至普通教职员工,都担任学生 "导师",都参与育人。老敬老的优秀品质等。

2. 全过程育人:无缝管理,关注细节。

"全过程" 是指导师的育人工作贯穿于学生学习、生活的始终。导师将育人工作开展至学生每天学习生活的每一个环节和高中阶段成长的全过程,不放过每一个细节,对学生进行尽可能全面地呵护与帮扶。导师通过活动指导、沟通交流、参加由主任导师牵头组织的班教导会和进行育人集体备课等活动,将育人落实到每一个环节。

3. 全领域育人:显隐结合,四位一体。

"全领域" 主要是充分发挥教学、管理、服务等各方面的育人功能,形成课堂育人、活动育人、评价育人和文化育人的四位一体、显隐结合的育人网络,全方位开展育人工作。其中课堂育人是基础,活动育人是关键,评价育人是导向,文化育人是保障。

二、学校进行顶层设计,确立阶段性育人主题

为了提升育人效果和水平,学校成立 "德育研究室",聘任校内德才兼

备、育人经验丰富、育人能力突出的教师担任德育教研员，根据学生身心发展特点，确定育人目标，规划育人主题。如我校的育人目标为"成人、成才、成功"，根据高中三年每个学段学生的成长特点和学习任务，我们把高一育人主题定为"起跑线"，高二是"成长线"，高三是"冲刺线"，并在每一学年按照课程模块设置育人主题。以高一年级为例，第一学期的八个主题为：1. 理想目标：远航途中的小岛；2. 文明守规范：成就完美的素养；3. 养成好习惯：挑战自我的羽箭；4. 集体主义：包容溪流的大海；5. 自律：呈现意志的张力；6. 读书求知：追求进步的阶梯；7. 自立：勇做真正的自我；8. 感恩：报得春晖的寸草。每三周一个主题，所有的育人工作都围绕主题展开。

每周召开班级导师组会议，对育人工作进行总结部署。

根据全员育人的阶段主题，结合学校一学期的工作安排，各年级已确定一学期主题班会的主题。这些主题的编排目的是解决高中生在成长过程中从思想品德、心理健康到学习方法等方面的各种困惑，走出他们在人生发展关键期的迷惘，培养健全的人格和积极向上的心态，引领学生自主探究"我是谁""我要干什么""我到底要怎样发展"的问题，从而使学生树立正确的人生观、世界观和价值观。

以高一上学期班会主题为例，学校确定的班会主题共六个：1. 新生入学第一课——相逢是一首歌；2. 老师告诉我——校规校纪培训；3. 我会和同学合作——课堂学习合作探究习惯养成；4. 我学会了记笔记——课堂学习中的记忆记录方法；5. 我能养成好习惯——学习习惯和生活习养成；6. 我有一个理想——树立目标、增强学习动力。围绕某一个主题，一个班级可能会召开两次或两次以上班会。

根据学校制定的育人目标和育人主题，每周日晚上召开一次导师组会议，由各教学班导师轮流组织开展。会上，每位导师都要介绍育人过程中取得的成绩、存在的问题等，对于一些共性问题开展讨论，共同寻找解决问题的办法。同时，根据本周育人主题，结合本班学生实际，确立本周主题班会、活动课等具体内容。

三、每周开展"主题班会"，导师轮流主持

星期日晚上自习课前，各班主任导师（即班主任）和导师召开碰头会，就一周来的导师工作和班级学生情况进行全面交流，讨论下周一主题班会内容，确定班会主题及班会程序。之后，主任导师和导师结合本班实际，围绕班会主题设计课件，形成具有本班特色、能切实解决实际问题的班会课件，发挥主题班会德育阵地的作用。

学校确定每周一下午第三节为主题班会时间。班会主持人可以是主任导师、导师或学生，由各班视班会需要自主决定，各班根据学校、班级和学生的需要灵活安排班会内容。班会形式多样，有时在室内、有时在室外，也由各班主任导师和导师根据实际需要共同研究确定。

全员育人导师制力求为每个学生提供适合的教育，它培养了学生健全的人格和优良的品质，使每位学生经过三年的高中生活成人、成才、成功。

四、每天组织"活动课"，导师全程参与

学校调整作息时间，在每天下午两节课后安排了 40 分钟的大课间活动，作为师生共同活动的育人时间，全体导师与本小组的学生一起活动。

为了培养和发展学生的特长和兴趣，学校把阳光大课间和学生社团活动结合起来。在设置社团时，充分考虑和尊重每个导师的特长和自主选择，在各年级开设球类、棋类、艺术等多个社团，学生根据自己的兴趣爱好选报社团。

阳光大课间与社团活动的结合，把全员育人和发展学生的特长很好地融合在一起，既能让学生的爱好、兴趣和特长得到充分发展，又保证了全员育人的良好效果，师生共同学习、共同进步、共同成长。

活动过程中，导师还要注意做好活动记录，比如活动的照片、视频和总结笔记等，以便学校检查和表彰。

五、学生每天书写"成长册"，导师次日完成批阅回复

为培养学生健康人格，促进学生身心全面健康发展，学校按照每三周一个主题的方式编制成长册，作为全员育人的配套用书。每本成长册的主要

栏目包括："设计今天 赢取未来""反思今天 完美一日""老师,请您告诉我""老师,请您分享我的成长""我的本周成长评价""下周成长目标""导师寄语"等。

成长册的填写与批阅为导师和学生提供了一个相互交流、心灵沟通的平台,让导师对学生的了解更加全面。学生把自己的心里话告诉导师,把自己存在的问题提出来寻求导师的帮助,从而以更加积极、健康的心态投入到学习和生活中去。

六、全方位关注学生成长,每周与"典型生"面对面交流

每周导师通过批阅《成长册》、参与活动课、日常观察等方式全面关注学生的发展,及时发现其在生活、学习等方面存在问题的"典型生",及时与他们面对面沟通交流,进行思想引导与心理疏导等,进行重点帮扶。交流的内容应具有针对性,力争切中肯綮。沟通交流结束后,学生填写《谈话记录表》,真实记录交流心得。

七、开展"师生共读一本书"活动,注重传统文化熏陶

学校发动全体导师和所带导师组学生每学期至少阅读一两本传统文化经典著作。每天晚饭后 40 分钟的公共读书时间里,导师与本导师组学生统一阅读内容、统一阅读进度进行阅读,期间在学校搭建的"教与学平台"阅读交流区随时进行线上阅读心得或阅读感悟交流,导师力争做到学生发的疑问有疑必答、学生发的帖子有贴必回,同时导师还负责向导师组成员推荐优秀阅读心得或阅读感悟。

除此之外,每天开展一次的"读后感演讲",每周一次的"读书沙龙"活动,每学期一次的读书知识(朗诵、演讲)比赛等活动,激发学生的阅读兴趣,使师生养成读书习惯,使大家在潜移默化中得到传统文化的熏陶渐染。

八、每学期与每名家长进行交流,形成育人合力

导师每学期要与本组学生家长进行至少两次的电话交流,通过导师组微信群、校家长委员会家访平台等媒介,向家长介绍孩子在学校的情况,通

报学生所取得的点滴进步与些微成绩,以期为孩子营造一个宽松、愉悦的成长环境。

对于孩子身上存在的、需与家长配合才能解决的问题,导师需认真征求家长意见,与家长进行共同教育。每学期导师要对本组学生进行家访,以"走亲戚"的方式与家长进行交流,就孩子在校期间取得的成绩向家长进行汇报,了解学生的家庭状况和在家中的表现,以便开展针对性的教育。

九、健全育人评价体系,保障育人工作顺利实施

学校创新评价机制,利用信息技术建立"学生综合评价管理平台""智慧教与学平台""智慧云服务平台"三大评价平台,创建阶梯自选激励机制,对学生在校园与家庭的学习与生活进行全方位管理,即时采集学生学习与生活等各方面信息并生成数据,导师据此对学生进行科学评价与指导。

根据平台提供的数据,对学生进行量化评价,按照学生综合量化积分,设置五级晋级阶梯,每一阶梯设置相应的奖励套餐,当小组与个人晋级至某一阶梯时,由学生在套餐内自主选择,奖励套餐以情感与精神为主、物质为辅,贯穿于整个学习、生活过程。

十、"1+N"育人机制在学校德育教育方面取得的成效

通过"1+N"育人机制,学生受到来自导师的全方位关爱,他们的学习与进步动力空前高涨使他们良好的学习生活习惯得以养成,学生变得好学、乐学、会学,学习风气日趋浓厚,学业水平得到整体提升。

学生学会了感恩,懂得了感恩家长、感恩学校、感恩老师。学会了凡事积极进取,能做到明辨是非、善恶、美丑,良好的道德品质逐步形成。

学生的自我认同和成长的自信心增强,问卷调查显示,莘县二中学生的自我效能感平均值为61.72,显著高于全县同类学校的59.99。

学校的"1+N"育人机制,调动了每一名教师参与育人工作的积极性,通过密切接触学生,教师发现了学生身上的各种闪光点,促使他们的教育教学理念发生了根本转变,从而为立德树人工作的落实奠定了基础。导师的辛勤付出,换来的是自己育人水平的提高,换来的是学生核心素质的提升,这使

导师体味到了育人成就感与职业幸福感。近五年,学校教师共主持、参与省级以上课题 32 项,发表学术论文 327 篇,编写育人学术著作 3 部,获得省级及以上奖励 38 项。

信息化时代的心理健康教育

—— 1+N 育人模式在促进学生心理健康中的作用

随着信息技术的进步和网络技术的不断发展,互联网和校园网也不断普及,网络对现代学生的各方面发展所带来的影响日益明显。对于当代中学生来说,网络技术的发展便利了中学生的学习,开阔了眼界,同时伴随着网络应用而生的网络成瘾者愈来愈多,导致一些中学生沉湎于网络游戏、聊天,不能自拔,严重影响着他们的身心健康发展,这些状况已受到许多心理学家、医学家以入教育工作者的广泛关注。

我校立足学校实际,为更好地了解学生的思想动向,与学生加强沟通,了解他们的心理需求,学校创造性地提出"1+N"育人机制,将心理辅导寓于教学、活动之中,学生出现的心理问题会得到很好的化解。促进了学生心理健康,取得了良好的效果。

通过"1+N"机制,将育人工作贯穿于学生学习、生活的始终,对学生成长全面呵护与帮扶,引导学生积极人生观、科学世界观和正确价值观的形成,养成良好的习惯,健全学生的人格,激发学生的内生动力,使每一个学生都能健康成长,为每个学生提供适合的教育,促进学生的个性化成长,提升教师的育人水平,完善普通高中学的育人体系,建立普通高中立德树人的实施机制与路径。

"1+N"育人机制主要包含"全人员育人""全过程育人""全领域育人"三个方面的内容。

1. 全人员育人:全员参与,人人有责。

"全人员"体现在所有教师都担任导师,采用"1+N"的形式,一位教师负责 10 至 15 名学生,运用导心、导学、导行策略,对所负责学生进行指导。上至校领导,下至普通教职员工,都担任学生"导师",都参与育人。每个班由班主任任"主任导师",其他任课教师任"导师"。主任导师和导师均负责所执教班级的一个或几个学生小组,对学生从学习、生活到德育等各个育人环节上进行全方位的指导与帮扶。

导师在履行育人职责时采用"三导"策略,即导心、导学、导行。"导心"包括对学生进行思想引导与心理疏导,引导他们养成良好的道德品质,及时为学生疏解心理问题,使其健康阳光地生活与成长。"导学"包括指导学生学会做人与学会学习。"导行"指导师引导学生把优良品质落实到学习、生活中去,从小事做起,践行美德雅行。例如,通过社会实践课程组织学生给父母洗脚、到敬老院献爱心活动,培养学生感恩父母、尊老敬老的优秀品质等。

2. 全过程育人:无缝管理,关注细节。

"全过程"是指导师的育人工作贯穿于学生学习、生活的始终。导师将育人工作开展至学生每天学习生活的每一个环节和高中阶段成长的全过程,不放过每一个细节,对学生进行尽可能全面地呵护与帮扶。导师通过活动指导、沟通交流、参加由主任导师牵头组织的班教导会和进行育人集体备课等活动,将育人落实到每一个环节。

3. 全领域育人:显隐结合,四位一体。

"全领域"主要是充分发挥教学、管理、服务等各方面的育人功能,形成课堂育人、活动育人、评价育人和文化育人的四位一体、显隐结合的育人网络,全方位开展育人工作。其中课堂育人是基础,活动育人是关键,评价育人是导向,文化育人是保障。

1+N 育人模式,使学生可以和导师、同学交流沟通,满足他们交往的需求;导师引导他们正确上网,可以随时掌握学生的心理发展状况,及时地给予教育和帮助。

1+N 育人模式,促进了网络教学,提高青少年对网络的使用能力,学校开设一些技术课程和有关上网方面的课程,指导青少年科学使用网络,让青少年对电脑有一个全面地认识,学会文字处理、程序编写等基本操作。

1+N 育人模式加强了思想道德教育,重视青春期教育,这是促进青少年健康使用网络的主要条件。一般说来,青少年的主体意识尚未形成,缺乏主动追求道德人格的能力。学校的 1+N 育人模式,加强了青少年的伦理意识和道德责任感。同时,导师通过主题班会和沟通交流向学生讲述一些有关青春期方面的知识,引导他们对青春期有一个正确的认识。只有这样,青少年才能真正做到自律,真正地遵守网络规范,自觉抵制不良信息的干扰。

总之,学校通过"1+N"育人模式学生的心理健康问题工作取得了显著成效,促进了学生的身心全面健康成长,校园内处处洋溢着崇学向善、积极向上的浓厚氛围,促进了师生和谐关系的发展,推动了学校办学高质量发展。

同时,学校重视校园文化建设,也是间接地预防、减少青少年受网络负面影响的有效手段。学校开展丰富多彩的校园文化活动,使学生课余生活充实而有意义,通过开展活动创造人际交流的机会,鼓励青少年扩大人际交往范围让他们掌握一般的人际交往技巧,促进现实生活中人际关系的改善和提高。

当然,避免互联网引起的学生心理问题仅靠学校的力量是不行的,还需要加强家长对孩子的教育和保护。

首先,通过家长会引导家长正确引导孩子,给孩子提供一个良好的上网环境。让家长自己对网络有一定的认识,掌握一些必要的网络知识,这样才能真正成为孩子网络教育的引路人

其次,引导作为家长关心自己孩子的学习和生活情况,避免孩子在不被父母知道的情况下私自去网吧上网。平时,要多关心孩子到底看些什么,学些什么,心里在想些什么,多与孩子交流。

再次,引导家长加强对孩子上网行为的监督与管理。青少年还没有形成很强的自律意识,家长可以与孩子共同制定上网的行为契约和上网计划,做到有章可循,形成良好的监督氛围。青少年上网多半利用课余时间,或是在家里,或是在网吧,家长配合学校一起对孩子的上网行为进行监督加强与学校的信息沟通,避免孩子在家或在网吧登录不良网站,以免受到网络侵害或引发违法犯罪。

在目前网络法规和技术不够完善的情况下,学校和家庭的控制和引导也许是解决青少年上网负面影响的一条重要途径。当然要真正有效、全面地防范网络对青少年的负面影响,仅靠这两方面的力量是不够的,还有待于全社会的努力。

同时需要社会各部门始终要保持对青少年心理健康成长的高度责任心

和事业心,真正地去关心、爱护他们,时时处处为他们着想,并协同家庭、社会形成一股强大的教育"网络",充分发挥网络的优势,尽可能地减少网络对青少年的消极影响。

作为教育工作者,不仅是广大青少年知识的传输者、智慧的启迪者,也应是他们心灵的守望者、观念的引导者,针对信息网络引发的不良心理倾向,要正确分析,找出对策强,化心理辅导工作,使广大青少年以健康的心态和完善的人格笑迎网络时代。

第八章　教育未来的设想

教育应充满人文关怀

随着 21 世纪的到来,全球经济的一体化、信息化让人们的生活节奏越来越快,快节奏的生活让我们失去了很多生活本身的快乐! 你可以想一想你已经多久没有认真地去读一篇文章了? 你已经多久没有踏踏实实地睡到自然醒了? 你上一次和爱人一起悠闲地品茶赏月是在什么时候? 答应孩子春天一起去放风筝的承诺兑现了么……

在现代社会中,钢筋水泥的森林使我们的生活环境充满了忙碌和竞争,而忽略了情感的培养,缺乏了对自己对家人的人文关怀。

教育的最终目的是让孩子们感受幸福,这就要求我们的教育一定要注重人文关怀。什么是教育的人文关怀呢? 我想用一个小故事来说明,这个故事讲的是一个叫汤普森的老师与班上一个叫泰迪的男孩的故事,这个故事让我深受启发,在此分享给大家:

新学期开始了,汤普森老师担任了五年级一个班的班主任,但她不太喜欢班上一个叫泰迪的小男孩,因为泰迪的衣服总是皱皱巴巴的,身上也不整洁,他总是喜欢一个人坐在角落里,他的试卷经常错误百出,汤普森老师喜欢用红笔在他的卷子上画一个个大大的 × 号。

开学不久,学校要求老师对每个孩子过去的记录进行审阅,当她看到泰迪的档案时感到非常震惊。

只见一年级的老师写道:泰迪是个聪明的孩子,永远面带笑容。他给周围的人带来了欢乐。

二年级的老师写道:泰迪是一个优秀的学生,深受同学的喜欢,但是他很苦恼,因为他妈妈的病已经到了晚期。

三年级的老师写道:母亲的去世对他是个沉重的打击。他的父亲责任感不强,如果不采取一些措施,他的家庭可能会对他产生不利影响。

四年级的老师写道:泰迪性格孤僻,对学习不感兴趣。他没有什么朋友,有时会在课堂上睡觉。

此时,汤普森老师才意识到问题的所在,她为自己的行为感到非常后悔,她决定用自己的行动帮助泰迪。

圣诞节到了,汤普森老师收到学生们送给她的各种诞旦礼物,泰迪的礼物是用一张皱皱巴巴的牛皮纸包着,里面是一只水晶石手链,上面有颗水晶已经丢失了,除了手链还有一瓶只剩下四分之一的香水。看到他的礼物,有些孩子开始发笑,老师制止了他们。并大声夸赞:"这只手链真漂亮啊!"并把它戴在手上,还在手腕上擦了些香水。

那天,放学后,泰迪对汤普森老师说:"老师,今天你身上的味道就像我妈妈以前一样。"

泰迪走后,汤普森老师哭了很久,她很惭愧。从那一天起,她决定不再研究怎样教阅读、写作和算术,而是研究怎样走进孩子的内心。她开始特别关注泰迪。她发现越是鼓励,泰迪的反应就越快。

到了年末,泰迪已经成为班上学习最好的孩子,泰迪对汤普森老师说:"老师,您是我一生中遇到的最棒的老师。"

在汤普森老师的鼓励下,泰迪以优异成绩考上了初中,后来顺利地考上了高中、大学,他说汤普森老师仍然是他一生中遇到的最棒的老师。

多年后泰迪成为医学博士,并且要结婚了,他邀请汤普森老师参加他的婚礼,婚礼那天,汤普森老师戴着那只丢了颗水晶石的手链,专门喷了泰迪母亲用过的那种香水,坐在新郎母亲的座位上,师生相互拥抱。泰迪对汤普森夫人说:"谢谢您,汤普森老师,您让我知道自己还可以有所作为。"汤普森夫人眼含热泪,低声说:"泰迪,你搞错了,是你教会了我如何做一个好老师。"

通过这个故事,我们看到了一位优秀教师用爱心与智慧给孩子最大的鼓励,使一个失去母亲的孩子从悲痛中走出来,成为一个有所作为的青年。我们也看到了孩子回报给老师无限的爱与信任,看到师生之间充满人性光辉的情感互动。

对于一个孩子来说,老师是非常重要的,他们需要老师的爱,也会回报给老师更多的爱,这就是教育的人文关怀。

确切地说,人文关怀是对人生存状态的关注,对人权利的尊重。它关注人自身的命运与价值及对人生意义的思考。教育生活中的人文关怀还包括关注学生的成长和发展。

进入21世纪以来,教育逐渐从"分数"走向"人文"。未来,希望越来越多的教育工作者从注重"教学"走向注重"育人"。即从注重知识的培养走向注重对学生的人文关怀。

教育的人文关怀,是教育过程的一部分,它关注教育教学过程中学生的态度、情绪、情感以及信念,以促进学生的个体发展和整个社会的健康发展为目的。

单纯的以考试成绩来评价学生,势必带来很多弊端,对学生评价的不全面,也会给学生造成很多心理问题。

成都一名十岁小男孩,在老师一句"如果写不到1000字的检查就跳楼"的心理压力下,结束了自己幼小的小生命。

此事给教育工作者敲响了警钟,在我国,目前部分学生在心理和情感方面出现了严重的危机,这要归咎于教育体系中人文关怀的缺失。

有研究表明,决定一个人创造能力的因素并不是他的专业背景,而是其情感发展程度。情感是一切行为的原动力,让每一个孩子的情感发育圆满是学校育人的使命。好的学校教育,应该让学生找到自我生命的尊严与作为"人"存在的幸福感。

作为学校,特别重要的是给孩子一个好的环境,一个充满自由、宽松与爱的环境。孩子们生活在这样的环境中,他的天性和灵性能得到很好的生长。

教育注重人文关怀，就是培养学生学会感受爱，感受人世间美好的情感，感受人生的厚重，感受生命的力量，感受自然的博大……作为学生成长过程中的重要教育者，老师和家长往往因为自己对人文素养的无知而以爱的名义伤害学生。

每一个孩子，即使是学习不好的孩子都有尊严，都应该获得尊重，作为老师不可能做到喜欢每一个学生，但至少应该做到给他们尊重。不顾学生尊严的教育，不仅伤害了孩子的心灵，更使得师生关系产生严重的裂痕，而师生关系的亲密度、和谐度直接影响着教育的有效度。

苏联著名的教育家赞可夫经过多年的研究得出这样的一个结论：课堂教学质量的高低很大程度上取决于师生关系的好坏。课堂效果客观地反映了师生关系。融洽的师生关系有助于创造和谐的课堂气氛，教师在主观上的努力，对学生的尊重、激励会对教学产生积极的效果，否则就会产生负效益。

我们现在很多老师和家长的做法正好相反，为了考试成绩，甚至以牺牲师生关系、亲子关系为代价，辛辛苦苦培养出来的是一个个情感淡漠的"白眼狼"，这种舍本求末的做法是非常不可取的。

学校教育应该是把学生培养成有文化、有感情的人，文化是一个能够激发我们感情的崇高的东西，它和知识是不一样的。一个有文化的人，你会发现他的生命力是非常旺盛的。他不是冷冰冰的，而是富有激情和情怀的，他会用充满爱和诗意的眼光来看待这个世界。

可今天，我们从小学到大学的教育，更多的是教知识、技术、专业，唯独缺少情感与文化。我们培养了很多精致的利己主义者、很多高学历的、冷冰冰的"机器"人。

教育缺乏人文关怀，不仅给学生造成心灵创伤，越来越多的教师也在工作中感觉不到快乐，孤独无助，充满压力感、疲惫感，找不到教育的幸福感。

教育要切实推行人文教育，才能从根本解决问题。教育的成功，离不开教师与学生的共同努力，要真正让教育长足发展，提升人文素养，学校教育除了要有正确的教育理念外，还要大力推行人文关怀，培养教师的职业认同感、幸福感和学生的存在感。让他们从心理上、精神上有所认同，这样教师才乐于教，学生才乐于学。由此，学校就必须从教师和学生两个角度考虑，两者不可偏一。

从教师角度来说，要想教师用心执教，学校本身当先用心爱护教师。留人还需留心，留心必要强化人文关怀。

从学生的角度来说，学校该是一个让学生值得怀念、充满快乐的地方，而不是一个被当作没有活力、想快点逃离的地方。

家庭教育也需要更正观念，也要强化人文关怀。作为家长，不能只注重孩子的分数，要多为孩子树立人文理想和道德信仰，让他成为一个有远大抱负的有用之人。与此同时，家长要对孩子多一些关爱。关爱不只是简单的嘘寒问暖，更应该善于与孩子沟通交流、了解其内心，这样才能顺着孩子的天性培养孩子，才能激发其最大的内在潜能。

一个国家未来的发展取决于人才培养的质量，而人才培养取决于学校教育的质量。唯有社会、学校、教师、家长各方面形成合力，不唯利是图、唯分是图，从单一的分数至上、机械灌输知识转变为促进学生全面发展，从上至下地重视人文关怀，教育才能成功。这样培养出来的学生才会是身心健康、高智商、高情商、多技能的素质人才。

"教育的过程首先是一个精神成长的过程，然后才成为科学获知的一部分。"——这句话深刻地诠释了教育的人文关怀宗旨。

未来，教育的人文关怀更应最直接、最广泛地体现教育这一神圣的宗旨。让教育为年轻的生命多注入一些激情，多创造一些体验，多赋予一些憧憬，努力达到教育之于生命的最高境界，带着对生命的理解、洞察，带着人格的魅力和灵性，去发现和唤醒生命的潜能，激发生命的活力，让教育淋漓尽致地展示人性的魅力。

心理健康教育应引起足够重视

现代社会,生活节奏越来越快,各种变化的周期不断缩短,青少年的学习压力大,精神长期处于紧张状态,各种心理问题层出不穷。

健康被人们重视,心理健康更应该被教育界瞩月,抓好中学生的心理健康教育,对培养健全的人,具有重要意义。

作为家长除了注重孩子身体健康,同时也应关注孩子心灵的成长,所以心理健康教育迫在眉睫。

很多老师和学生都存在不同程度的心理健康问题,或者说处于心理亚健康状态。可是很多人不认为自己有心理问题,有些人知道自己有心理问题,却担心被别人知道,宁愿被内心的不良情绪折磨,也不愿就医问药。

那么如何判断人们是否存在心理问题呢? 有以下几个方面:

1.忧郁。

由于种种原因,青少年会出现愁眉苦脸、沉默寡言的现象。如果长时期地处于这种状态,就应当予以充分重视。

2.狭隘。

表现为斤斤计较、心胸狭窄,不能容人也不理解别人。对小事耿耿于怀、爱钻牛角尖。

3.嫉妒。

当别人比自己好时,表现出不自然、不舒服,甚至怀有敌意,更有甚者竟用打击、中伤的手段来发泄内心的嫉妒。

4.惊恐。

对环境和事物有恐惧感,如怕打针、怕黑。轻者心跳加速、手发抖,重者失眠、梦中惊叫等。

5.残暴。

有点小事自己不高兴，便向别人发泄，摔摔打打、骂骂咧咧，有的则以戏弄别人为乐，对别人冷嘲热讽，没有暖人之心。

6.敏感。

多疑，常常把别人无意的话、不相干的动作当作对自己的轻视或嘲笑，为此而喜怒无常，情绪变化很大。

7.自卑。

对自己缺乏信心，以为在各方面都不如人家，无论在学习上还是在生活中，总把自己看得比别人低一等，抬不起头来。这种自卑严重影响了自己的情绪。

目前，抑郁症成为仅次于癌症的人类第二大杀手。但是，有很多患者都隐瞒病情，或者没有就医。人们对心理健康的观念仍很淡薄。教师、家长往往还不理解孩子的心理问题，因此，积极支持开展心理健康教育的活动，已迫在眉睫。因此，各个高中及高等院校，将抑郁症筛查纳入学生健康体检内容，建立学生心理健康档案，评估学生心理健康状况，对测评结果异常的学生给予重点关注。

近年来抑郁症有明显的低龄化趋势。那么，在8至16岁的中小学生中，究竟是什么原因会造成他们抑郁呢？

1.家庭因素。

不和谐的家庭氛围或者残缺的家庭结构，都会对孩子幼小的心灵造成压力，导致孩子心灵受伤。无休止地争吵、父母离婚、父母去世、长时间的分离都会对孩子造成难以磨灭的伤害。如果不及时疏导孩子，从而出现抑郁状况。

2.经历重大变故创伤。

经历过重大生活变故或者事故的孩子，很容易出现抑郁症状。因为孩子的身心还不具备心理调节能力，经历强烈的刺激，会对孩子的内心造成巨大的阴影。

3.外界环境。

父母对孩子要求过高，管教过严，导致超出了孩子能力范围，给孩子造成了巨大的心理压力，最终无法承受过重的心理压力，导致消沉、情绪低落。

我们都知道父母对孩子更多的是给予爱，但是不可否认，很多爱也会对孩子造成毁灭性的伤害。所以说,父母和孩子沟通,千万不要评价和责备,更多的是耐心地倾听,做一个值得信任的陪伴者。

不和谐的家庭氛围或者父母过高的期待,都会对孩子幼小的心灵造成压力,导致孩子心灵受伤。如果不及时疏导孩子,就会导致孩子出现抑郁的状况。

孩子出现抑郁的症状不可怕,可怕的是导致他们抑郁的父母却不自知。以为自己的孩子只是压力大而已。经常听见有人说:小孩子懂什么,哪有什么可抑郁?因为在成人的眼中,孩子是无忧无虑,没有烦恼的。殊不知孩子其实是非常敏感的,他在用他的心感知着这个世界。但是孩子不会自我调节,不懂得如何正确释放自己的情绪,如果不及时疏导,很容易导致严重的后果。

很多家长,只有在发生悲剧之后才会后悔莫及。可是世上没有后悔药,希望所有的父母都能早点重视孩子的心理健康,不要等到悲剧发生才被迫改变。

相较于成年人,青少年的抑郁症更不容易被发现,因为孩子们抑郁时的表现大多是无心学习、沉迷游戏、脾气暴躁,懒惰等,很多家长以为这些是叛逆。其实这是抑郁症的一种表现。

家长和教师有必要对抑郁症有个正确的认知:抑郁患者的眼中没有色彩,脸上没有表情,被一种莫名的负面情绪带着走,对身边的一切失去兴趣,感受不到快乐,无缘无故地想哭。这不是他们主观上努力就能好起来的。甚至有些人表面上笑得很开心,实际上可能抑郁得很严重。但不管是哪一种,家长和学校老师们要对它引起足够的关注,从而在孩子情绪异常的初期就给予及时的帮助。

帮孩子走出抑郁,学校责任重大,学校要将心理健康教育作为必修课列入课程计划,加强心理健康教师队伍和心理健康辅导室建设。学校要通过主题班会、心理健康讲座等形式,积极开展了解自我、尊重生命、学会学习、人际交往、情绪调适、升学择业、人生规划及社会适应等教育。普及心理健康知识,帮助学生树立心理健康意识,认识心理异常现象,掌握心理保健常识和技能。

此外,学校要加强青春期教育,引导学生增强调控心理、自主自助、应对挫折、适应环境的能力,培养良好心理品质,将学生综合实践成效纳入综合素质评价。同时,学校要重视校园文化建设,建立良好的学习氛围和人文环境。

举办丰富多彩的校园文化活动。良好的学习、生活环境对培养学生良好的心理素质,缓解心理压力,建立和谐的人际关系有不可替代的作用。

教育家史宾塞说:"对孩子的一次喝彩,胜过一百次训斥。喝彩和鼓励,可以让自卑的孩子走出泥沼。"或许,创造奇迹最简单的方法,就是对孩子无条件的信任、鼓励和安慰。

我理想中的未来学校

现代科学技术日新月异,教育教学必然会随之发生变化。那么,未来的学校究竟会发生哪些变化呢? 我认为,教育永远都要围绕着人展开,基于人的发展的教育教学才会有生命力。未来的教育教学,会借助科学技术手段发生重大变化,但这些技术手段是为教师的教育教学服务,为学生的学习与成长服务,技术永远不会取代学校,机器也永远不会取代教师。

今天,电子书包、多媒体课堂、O2O 教育……各式各样、目不暇接的教育手段,已经出现。其实这些教育信息化手段正是教育现代化进程中的重要环节。它的最终目标在于实现人的现代化,也就是要实现人的思想观念、素质能力、行为方式、社会关系等方面的现代转型。未来的现代化学校会是什么样子呢?

我理想中的未来学校应该是以德育为主导,以心理健康为基础,学校第一重视的是教师的品行和心理健康,因为只有人品好和心理健康的老师才能教出人品好心理健康的学生。学校定期考评的是学生的思想品德和心理健康指标,如果发现学生有行为和心理偏差配合家长及时引导纠偏,在学校里德育和心理健康比学科成绩更重要,未来的学校,是要让孩子德智体美劳全面发展的学校。

要"五育并举"全面实施素质教育。完善德育工作体系,深化课程育人、文化育人、活动育人、实践育人、管理育人、协同育人;着力培养学生认知能力,促进思维发展,激发创新意识;严格执行学生体质健康合格标准,健全国家监测制度,开齐开足体育课,实施好阳光体育活动,实施学校体育固本行动;严格落实音乐、美术、书法等课程,结合地方文化设立艺术特色课程,广泛开展校园艺术活动;充分发挥劳动综合育人功能,加强学生生活实践、劳动技术和职业体验教育。

　　未来的教育教学，也许不拘泥于形式，既可在学校进行也可在家庭中进行，或者家庭和学校联合进行，教师师和学生带着一台 iPad，就可以进行。

　　未来，古人"头悬梁锥刺股"的学习方式不再倡导，因为在痛苦中的记忆是难以长久的，学生的学习不再是苦读，而是更有趣味性，学生根据课前预习，像玩游戏一样，把该掌握的知识点学会了。老师使用 VR 等高科技的手段，带学生一起畅游世界，了解自然，一堂 45 分钟的课程，生动有趣且富有挑战，那些过去在科幻小说中看到的场景已经变为现实。

　　小学阶段，孩子们不再每天辗转于各个补习班、课外辅导班像个陀螺一样忙个不停，学习对他们来说就像打游戏一样，当游戏变成一种辅导工具，娱乐和学习就联系在了一起。游戏化学习工具，把抽象艰涩的学习内容变得更有趣，更有互动性。

　　孩子们有玩耍的时间，对学习充满了兴趣，各个学科运用游戏辅助教育。学习是一件快乐的事情，在不知不觉中进行。老师以培养学生的良好品德和学习习惯为主，孩子们回归天真的本性，快乐而自由，学习对他们来说是自己的事不需要家长的督促，他们在快乐中做自己最喜欢的事并发现自己的特长。

　　中学阶段，对学生的教育模式会变成一对一的形式，而不是一对多。教育，不再是千人一面，精准教学、个性化是未来教育的特色标签。从以前的千人一面，到千人千面，在人工智能的帮助下，每个孩子都能找到自己的定制化学习方案。

　　每一个学生都可以有一台人工智能机器辅导员，在学生做题的时候给出反馈。一个班上，不同的学生可以有完全不同的进度。学校变成了一个启发幸福的地方，老师的工作就是布置任务，学生去完成、去学习。同一兴趣的同学组成一个小组，大家一块儿探索、一块儿学习。

　　让每个孩子的潜力和兴趣都能得到开发，学习是按照自己的意愿选择专业，学生不只是使用科技，而且懂得怎样利用科技实现既定目标。此外，也有一些教室以外的学习空间，学生的合作和创新不仅局限在课堂上。

　　随着大数据时代的到来，教师和家长可以随时及时掌握学生的性格、爱好、心理素质、学习成绩等各项数据，做到更好的因材施教，在培养人才的同时，培养精英。

大学阶段，学生在自己热爱的领域里，深入研究，以自己的兴趣为起始点。他可以在网上阅读、发表文章，通过博客、论坛发表自己的见解，并可以向这个行业的领军人物请教和探讨。他可以收集一切资源，进行整理、对海量信息做出预判，在这个领域的人年龄、学历多元化，互相学习，大家乐于帮助别人，分享自己的学习成果。

未来课堂要走向基于关系的课堂，即教师和学生同为学习者，共同进步。同时借助互联网、移动终端设备打造全媒体交互空间。老师可以根据学生在 iPad 上的答题速度、准确度实时判断学生的知识点掌握情况，让每个学生拥有自己的学习方式。

未来课堂有着许多先进的设备，环境舒适且能满足各种教与学的需要。但并不是有了这些设备和系统，就可以称之为未来课堂的。

在未来课堂中，教师要能根据每一位学生不同的问题进行系统性规划、设计，设计不是一次完成，而是可以让学生持续学习，掌握学习的方法。要实现"为每一位学生的学习而设计"，重点在于通过多种载体的介入，比如划分区域的教室、书面诊断书、移动终端等将学生的学习进程、弱点充分暴露，教师要真正做到"因材施教"。

孩子们不知不觉地我就将所学的知识点牢记于心了，在动脑思考，动手实践的过程中，他们能更好地掌握原本看起来复杂的知识点，这让他们对情境式教学充满了新奇感，所以他们打起了十二分精神融进课堂。

老师们是学生们的好伙伴，在课堂上同学生共同探索，求得知识。通过师生之间的教学相长，共同走向师生终身学习的道路，真正实现以"学"为中心的未来课堂教学理念。学生真正成为学习的主人。

未来教学要走向没有边界的教学时空。打破传统的 45 分钟教室里的学习方式。实现时间和空间上延展。课上课下、线上线下实时答疑，未来移动生活为学生订制最个性的学习方式。

无论科技如何发展，教师是难以被替代的，老师的主要任务不是传授知识而是跟孩子们情感交流、语言互动，启迪孩子们的心灵，给予孩子们爱与关怀，这是任何技术无法代替的，孩子们不可能说"这台机器把我启发了""这台机器让我觉得我想成为一个了不起的人","这台机器给了我力量",这是不可能的!

所以,通过老师来点亮孩子的心灵,让孩子提高情商,学会爱人,提高沟通能力和团队协作能力。

未来的教师不仅要有丰富的教学技能,满足教师的岗位要求,更多的是要研究教育学、心理学,并跟上前沿的教学模式。同时要掌握学生认知规律、找出学生错误行为背后原因、学生个体差异识别的学生知识。在大量数据统计、分析得到学生学习规律、认知规律、差异发生点等的学生知识是未来教师在教学理念中面临的巨大挑战。

就像电影《放牛班的春天》里表达的那样,在"放牛班"暴力催生的是反抗,惩罚也只是让孩子们一错再错,而唯有爱能创造奇迹,《放牛班的春天》让我们知道一位老师的价值可以有多大,人的价值到底有多大,爱的价值到底有多大。

教师最重要的是要有爱心,爱是最重要的,就像克莱门特老师那样用音乐和艺术打开学生们的心灵,抚平他们受伤的心。未来学校的教师以对学生的关怀和深沉的爱赢得学生的尊重,唤起孩子们心灵的共鸣,会对他们今后的人生道路产生重大的影响。

在漫长的人类历史上,教育的发展和进步靠的是深厚的情感,而"技术"充当的永远是附属或辅助的角色。未来学校不再是制造考试机器的工厂,而是静待每一朵花开的农田。彼时,每一朵花都会开出它本来美丽的样子;每一间教室都闪着科技之光,充满爱的温暖,洋溢着歌声与笑声。学校是一个幸福的乐园,培养一批批孩子走向幸福的人生。

参考文献

[1] 蒙台梭利 . 童年的秘密 [M]. 单中惠,译 . 北京：中国长安出版社,2010.

[2] 周西政 . 为每一个孩子提供合适的教育 [M]. 长春：吉林大学出版社,2015.

[3] 周西政 . 爱是教育的灵魂 [M]. 北京：北京师范大学出版社，2020.

[4] 吴非 . 致青年教师 [M]. 北京：中国人民大学出版社，2015.

[5] 樊登 . 陪孩子终身成长 [M]. 北京：中国友谊出版社，2020.

[6] 万玮 . 学校管理的本质 [M]. 上海：上海教育出版社，2019.

[7] 朱永新 . 中国著名校长办学思路 [M]. 上海：华东师范大学出版社,2016.

[8] 张会丽 . 教育信息化 2.0 时代的智慧教学新探索 [M]. 长春：吉林科学技术出版社，2020.

[9] 马克·刘易斯 . 疯狂成瘾者 [M]. 石湖清,译 . 北京：北京联合出版公司,2017.

[10] 姚跃林 . 让教育带着温度落地 [M]. 上海：华东师范大学出版社,2017.

[11] 荣振环 . 彼得·德普克：管理的本质,在于激发和释放每一个人的善意 [Z]. 品略图书馆，2016-2021.

[12] 经典名言 . 福禄贝尔名言 [Z]. 意誉句子，2019-10-13.

[13] 张月 . 一个人的精神发育史就是他的阅读史 [Z]. 中国文明网 .

[14] 德鲁元 . 管理的本质是激发每一个人的善意 [Z]. 网易首页，2020-05-04.